지식의 성장

차례

Contents

보다 더 나은 앎을 찾아서

이 책은 지식의 성장에 관해 논의한 것이다. 그렇지만 이 책은 지식의 성장이 현실적으로 이루어진 역사적 과정을 추적하거나, 한 개인이 성장하면서 지식을 습득해가는 과정에 초점을 맞춘 것은 아니다. 이런 일은 역사학자나 심리학자가 추구하는 주된 과제가 될 것이다.

비록 이 책에서 이런 문제들이 부분적으로 논의되고 있다 할지라도 사실 중심적으로 다루고 있는 것은 지식의 성장이 가능하려면 충족시켜야 할 여러 조건들이다. 이것은 지식의 심리학이 아니라 지식의 논리학이라고 할 수 있다. 통상 인식론이라고도 불리는 이런 탐구는 주로 다음과 같은 질문을 던지고 그에 대한 대답을 추구하는 것이다. 그 주장은 타당한가?

그 주장이 타당하다면, 그것은 어떤 근거에서 그렇게 되는가? 그것은 시험 가능한가? 그것이 다른 주장보다 선호되는 이유는 무엇인가?

나는 인식론의 중심 문제인 이 주제를 비판적 합리주의의 관점에서 다루었다. 비판적 합리주의자로서 나는 정당화주의 인식론을 비판적으로 고찰하고 반증주의 인식론을 옹호하면서 논의를 전개했다. 이런 논의의 과정에서 칼 포퍼(Karl R. Popper)의 글들이 많이 인용된 것은 칼 포퍼가 바로 비판적 합리주의를 대표하는 철학자이기 때문이다.

지식의 성장을 논의하면서 처음부터 끝까지 견지한 나의 입장은 이것이다. '지식의 성장은 가능하다. 우리는 그것이 가능한 조건들을 제시할 수 있다. 우리가 아무것도 확실하게 알지 못한다고 절망할 필요는 없다. 우리가 지금까지 살아 있다는 것 자체가 우리의 앎이 어느 정도 객관적으로 근거 있다는 것을 보증해주고 있으니까. 그렇지만 우리가 절대적 진리에 도달하는 것은 불가능하다. 우리의 이성은 언제나 틀릴 수 있으니까. 그러므로 우리는 절대적 진리를 소유할 수 있다는 치명적 자만에 빠져서는 안 된다.'

이런 상황에서 우리가 당면한 최대의 과제는 덜 좋은 앎과 더 좋은 앎을 구별하는 기준을 확립하는 일이며, 우리가 할 수 있는 최선의 길은 상대적으로 보다 더 나은 앎을 찾아 끝없는 항해를 계속하는 것이다.

지식의 종류

문명의 발달사는 지식의 성장사

　'아는 것이 힘'이라는 격언이 있는가 하면, '앎은 우리를 해방시킨다'는 주장도 있다. 한편 손자병법에서는 '상대를 알고 나를 알면 백전백승[知彼知己 百戰百勝]'이라고 주장하기도 한다.

　우리가 생존하기 위해서는 환경에 적응해야 하고, 적응하기 위해서는 먼저 환경에 대해 어떤 방식으로든 알아야만 할 것이다. 우리가 환경에 대해 완전히 무지한 상태에 있다면, 아마도 생존을 지속하기가 어려울 것이다. 일시적으로 생존이 가능한 경우가 있다 할지라도, 그것은 장님이 길을 찾는 것과 마찬가지로 전적으로 운에 달린 문제라고 봐야 한다. 그러므로 우리는 우리가 살고 있는 세계에 대해 나름대로의 지식을 갖고자 하며, 또 그것을 최대한 향상시키려고 노력하지 않을 수 없다.

어떤 대상에 대해 전혀 알지 못하는 상태로는 그 대상을 좋아하거나 사랑할 수도 없을 것이다. 서로에 대해 잘 알고 친숙해질수록 애정도 깊어간다. 미지의 세계는 호기심의 대상이 될 수 있겠지만, 동시에 공포의 대상이기도 하다.

이 세계에 대해 우리의 아는 영역과 모르는 영역을 비교한다면 아마 아는 영역은 모르는 영역에 비해 수억만 분의 일도 되지 못할 것이다. 만유인력을 발견한 18세기 영국의 물리학자 뉴턴(Newton)이 자신은 끝없이 펼쳐진 모래사장에서 하나의 조개껍질을 주운 소년에 불과하다고 한 말은 우리가 아는 것이 얼마나 보잘것없는가를 웅변적으로 말해준다. 그 후 인류의 지식이 놀랄 만큼 증진되었다고 할지라도 우주의 광대무변을 생각하면 사정은 지금도 마찬가지이다.

그렇지만 인류의 역사를 뒤돌아보면 돌도끼 시대부터 원자력 시대까지 인간의 지식은 나름대로 끊임없이 성장해왔다고 할 수 있고, 이런 지식의 성장 덕분에 인류는 무지와 공포로부터 조금씩 해방되면서 문명의 역사를 창조해온 것이다. 이런 관점에서 보면 문명의 발달사는 지식의 성장사라고 할 수도 있다.

인류는 두 번에 걸친 지식의 대폭발을 경험했다. 첫 번째는 BC 6세기경에 시작되어 200년 넘게 지속된 소위 역사의 '차축시대'라 불리는 시기이고, 두 번째 시기는 16세기경에 시작되어 지금도 계속되고 있는 '과학기술시대'이다. 어떻게 이런 일이 일어나게 되었는가를 설명하기는 쉬운 일이 아니지만, 아마도 그 이전의 수백, 수천 년에 걸쳐 계속된 지식의 축적이 어떤 한계치에 도달한 상태에서 새로운 시대적 상황의 요구와 맞물리면서 대폭발이 이루어진 것으로 추측된다.

칼 야스퍼스는 『역사의 기원과 목표』에서 가장 심오한 역사의 기점으로 차축시대(車軸時代, die Achsenzeit)를 설정하고, 우리 인간이 바로 이때부터 오늘날과 같은 방식으로 살기 시작한 것으로 설명한다. 과학기술시대의 지식의 폭발은 어떤 면에서는 차축시대를 능가한다. 그 결과 인류는 이제 완전히 새로운 문명을 창조해가고 있다.

대상적 지식과 기술적 지식

우리가 아는 것은 어떤 것들인가? 또 우리는 무엇을 알고자 하는가? 우리는 은행나무 잎이 계절에 따라 변한다는 것을 안다. 그것은 우리가 은행나무 잎의 변화를 오랫동안 관찰해왔기 때문이다. 봄이 오면 앙상한 가지에서 새순이 돋아나고, 여름까지 무성하게 자라났던 잎은, 가을이 오면 노란색으로 변해 떨어진다. 우리는 봄, 여름, 가을, 겨울이라는 계절의 순환이 지구의 일주운동(日周運動) 때문에 발생한다는 것을 알고 있다.

우리는 수학이나 논리학의 지식도 갖고 있다. 예컨대 2에다 3을 더하면 5가 된다는 수학적 계산을 할 수 있고, i) 모든 사

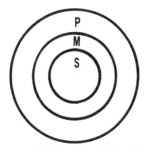

모든 M은 P이고, 모든 S는 M이다. 그러므로 모든 S는 P이다. 이것이 'Barbara'로 불리는 삼단논법의 제격이다. 오일러의 도법을 그림이 보여주고 있다.

람은 죽고 ii) 소크라테스가 사람이라면 iii) 소크라테스가 죽는다는 삼단논법을 알고 있다.

우리는 또 인라인 스케이트를 타는 방법도 안다. 그래서 많은 사람들이 저녁 무렵 한강변에서 인라인 스케이트를 즐긴다.

이러한 우리의 앎, 즉 지식들은 그 특성상 두 종류로 나누는 것이 편리하다. 그것은 '앎'이라는 같은 범주 아래 포섭된다 할지라도, 각각의 특성이 너무나 다르기 때문이다.

(1) 은행나무 잎이 계절에 따라 변화하고, 계절의 순환이 지구의 일주운동 때문에 발생하는 것을 아는 것은 우리의 밖에 있는 대상이 어떻다는 것을 아는 것이고,

(2) 인라인 스케이트를 탈 줄 아는 것은 대상에 대한 어떤 앎이 아니라, 스케이트를 타는 능력이나 기술을 갖고 있음을 의미하는 것이다.

우리는 보통 (1)을 대상적 지식이라 부르고, (2)를 기술적 지식이라 부른다. 대상적 지식은 대상에 관한 어떤 정보를 갖는 것이다. 말하자면 한 대상이 노랗다거나 단단하다거나, 둥

글고 탄력적이라는 등에 관한 정보를 갖는 것이다. 이때 우리의 인식 대상이 반드시 경험적 대상일 필요는 없다. 우리의 이성에 의해서만 접근 가능한 대상들도 지식의 대상이 될 수 있다.

대상적 지식은 상황에 따라 표상(表象)적 지식, 또는 명제적 지식이라 부르기도 한다. 표상이란 마음속에 떠오른 대상에 관한 상이다. 우리가 대상에 관해 알기 위해서는 먼저 그 대상이 우리의 마음속에 상으로서 드러나야 한다. 이런 측면에서 대상적 지식은 때로는 표상적 지식이라 불린다.

명제란 주어와 술어로 구성된 문장이나 판단의 내용을 의미한다. 우리가 어떤 대상에 관해 안다는 것은 그것이 어떠어 떠하다는 판단을 내릴 수 있다는 것을 의미하기 때문에, 대상적 지식은 명제적 지식이라 불리기도 한다. 이러한 주장은 물론 모든 대상적 지식이 명제적 지식이라고 하는 것은 아니다. 대상적 지식 중에는 명제적 지식이 아닌 비명제적 지식도 있을 수 있다.[1]

반면에 기술적 지식이란 대상에 관한 어떤 정보를 갖는 것이 아니다. 그것은 어떤 규칙이나 규범에 따라 적절하게 행위할 수 있다는 것을 의미할 뿐이다. 물론 대상적 지식과 기술적 지식 간에 아무런 연관도 없다고 하기엔 어려운 경우들도 많다. 어떤 것을 적절하게 다루기 위해서는 먼저 그것을 아는 것이 중요할 수 있다. 그렇지만 이 연관이 반드시 필연적인 것은 아니다. 예컨대 '나는 자동차 운전을 할 줄 안다'고 했을 때,

나는 자동차의 구조나 작동원리에 대해서는 전혀 알지 못한 상태에 있을 수도 있기 때문이다.

대상적 지식과 기술적 지식 간의 차이는 이들과 정반대되는 경우를 상정해보면 쉽게 이해가 간다. 대상적 지식과 반대되는 무지는 논의되는 어떤 대상에 관해 우리가 아무런 정보도 갖고 있지 않다는 것이다. 반면에 기술적 지식과 반대되는 무지는 우리가 실제로 어떤 행위를 올바르게 보여줄 수 없다는 것이다. 두 종류의 지식 중에서 우리가 인식론적으로 관심을 갖는 영역은 대상적 지식의 영역이다. 이것이 우리가 보통 지식을 이야기할 때 논의되는 가장 핵심적인 부분을 형성하기 때문이다.[2]

상식적 지식과 과학적 지식

우리는 지식을 상식과 과학으로 나누기도 한다. 상식은 우리가 일상적인 생활 속에서 획득한 지식이고, 과학은 이를 체계화한 지식이다. 그렇지만 과학은 상식과 엄밀하게 구분되는 다른 종류의 지식이라기보다는 상식의 발전 형태라고 볼 수 있다. 말하자면 과학적 지식은 상식적 지식이 성장한 결과이며, 달리 말하면 대문자로 쓴 상식적 지식이다. 상식적 지식이 성장하는 가장 중요한 방식이 바로 과학적 지식으로 바뀌는 것이며, 이러한 과학적 지식은 지식의 성장을 보여주는 가장 흥미롭고도 명백한 사례이다. 대체로 정체되어 있는 듯이 보이는 상식과는 달리 과학적 지식은 보다 나은 이론의 창안이나 새로운 사실의 발견과 더불어 급속한 진보를 이룬다. 그러므로 지식의 성장을 다루는 인식론에서는 상식이 아닌 과학적 지식의 성장이 중점적으로 논의될 수밖에 없다. "인식론의 중심 문제는 언제나 지식의 성장에 관한 문제였고 지금도 그러하다. 그리고 지식의 성장은 과학적 지식의 성장을 연구함으로써 가장 잘 연구될 수 있다."3) 과학적 지식이 갖는 특성은 두 가지로 압축될 수 있는데, 하나는 그것이 경험적 근거를 갖는다는 것이고, 다른 하나는 그것이 성장한다는 것이다.

과학적 지식은 모든 지식을 대표하는 위치에 있다. 어떤 지식도 '과학적'이라는 상표를 붙이지 못하면 쓸모없는 지식으로 분류되거나, 사람들의 신뢰를 상실한다. 아무도 비과학적 지식에 큰 관심을 두지 않으며, 스스로의 주장에 비과학적이라는 상표를 붙이기를 자랑스러워하지 않는다. 모두가 자신의 주장을 과학의 기준에 맞추기 위해 나름대로 최선을 다한다. 심지어 처음부터 과학과는 연관이 먼 종교나 예술 분야에서도 자신들의 주장이 과학에 근거해 있다고 주장하기까지 한다. 그러므로 현대사회를 제대로 파악하기 위해서는 과학적 지식의 특성이나 구조에 대한 이해가 필수적이라고 할 수 있다.

보편적 법칙에 이르는 길

지식의 논리학인 인식론(epistemology)은 지식이 성립하는 실제적 과정을 밝히는 지식의 심리학과 구별되는 것이다. 과학자는 이론가나 실험가를 막론하고 여러 진술들의 체계를 제시하고 그것들을 단계적으로 검사한다. 특히 경험과학의 분야에서 과학자는 가설들이나 이론들의 체계를 구성하고, 관찰과 실험을 통해 그것들을 경험에 비추어 검사한다. 이러한 절차에 관한 논리적 분석을 제시하는 것, 즉 경험과학의 방법을 분석하는 것이 과학적 발견의 논리, 또는 지식의 논리가 취급해야 할 과제이다.[4]

우리는 과학과 연관된 두 개의 전혀 다른 과정을 구별할 필요가 있다. 하나는 사실의 문제(칸트가 말한 quid facti)로서, 어떤 과학적 법칙이나 이론이 어떤 과학자의 마음속에 어떻게 떠오르느냐 하는 문제이고, 다른 하나는 그것이 어떻게 참일 수 있는가 하는 타당성의 문제(칸트가 말한 quid juris)이다. 전자는 아마도 경험 심리학의 관심사일 것이다. 그리고 여기서는 그런 생각이 어떤 상황에서, 어떤 과정을 거쳐 구체화되었는가, 어떤 것이 여기에 가장 큰 영향을 미쳤는가 하는 등등의 문제가 주된 관심거리가 될 것이다. 후자는 심리학이 아닌 인식론적 문제로서, 아마 다음과 같은 질문들이 중점적으로 논의될 것이다. '그 주장은 타당한가? 만약 그 주장이 타당하다면, 그것은 어떻게 타당성을 획득하는가?' '그것은 시험 가능한가?' '그것은 다른 어떤 진술들에 논리적으로 의존하는가? 그렇지 않으면 다른 어떤 진술들과 모순되는가?' 이런 질문들을 비교해보면 전자가 과학의 심리학인 데 반해 후자가 과학의 논리학이라는 점은 분명해진다.

과학자들로 하여금 새로운 진리를 찾도록 인도하는 심리적인 여러 단계들을 합리적으로 재구성하는 것이 인식론의 과제일 수는 없을까? 많은 철학자들이 이런 방향으로도 관심을 기울인 것은 사실이다. 그 중에서도 특히 퍼스(C.S. Peirce)는 가설을 창안하고 고안해내는 절차를 논리적으로 정식화시

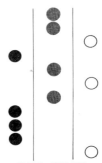

베이컨의 과학의 방법. 그 기본은 일정한 성질을 가진 것들의 일람표를 만드는 데 있다.

키고자 하는 귀추법(abduction)이라는 새로운 방법론을 제안하면서, 이것을 '과학적 발견의 논리'라고 규정했다. 퍼스의 귀추법은 흥미로운 것이긴 하지만, 이것을 발견의 논리라고 부를 수는 없다. 그것은 발견에 이르는 여러 길 중의 하나일 뿐, 유일한 길이라고 보기는 어렵기 때문이다. 엄격히 말한다면 새로운 생각에 이르는 과정은 너무나 다양하기 때문에 이에 대한 논리적 재구성 같은 것은 존재할 수 없다. 아인슈타인도 보편적인 법칙의 탐색에 대해 이야기하면서 다음과 같이 주장한 적이 있다.

이러한 법칙들로 인도해주는 논리적 행로란 없다. 그것들은 경험 대상들에 대한 감정이입 같은 것에 근거한 직관에 의해서만 도달될 수 있다.[5]

지식에 대한 두 가지 다른 정의

지식은 정당화된 참된 신념이다

지식에 대한 전통적 견해에 의하면, 지식은 정당화된 참된 신념(justified true belief)이다. 이러한 전통은 플라톤에서 시작해서 오늘날까지 계속되고 있다. 이때 지식은 진리와 동의어가 되고, 단순한 짐작이나 억측과 구별된다는 의미에서 진지(眞知, episteme)라고도 불린다.

플라톤의 대화편 『테아이테토스 *Theaitetos*』에서 소크라테스는 테아이테토스에게 '지식이란 무엇인가'를 묻고 있다. 테아이테토스는 지식을 '참된 신념'이라고 대답한다. 이런 대답에 대해 소크라테스는 참된 신념만으로는 지식이 될 수 없다고 지적한다. 왜냐하면 우리는 우연히 참된 신념을 가질 수도 있기 때문이다. 예컨대 내가 3월 첫째 주의 로또복권에 당첨될 것이라는 신념을 가졌다고 해보자. 이러한 신념은 어떤 근거가 있어서가 아니라 막연히 운이 좋을 수도 있을 것이라는 기대에 근거한 것이었다. 그런데 실제로 내가 3월 첫째 주의 복권에 당첨되었다고 해보자. 그렇다면 나의 그 신념, 즉 3월 첫째 주의 로또복권에 내가 당첨될 것이라는 신념은 지식이라고 할 수 있는가? 그것은 실현되었으니 참된 신념이라고 해야 할 것으로 보인다. 그렇지만 그 신념이 정당한 근거가 없는 한에서 지식일 수는 없을 것이다.

이런 논의의 과정에서 테아이테토스는 합리적인 설명과 결합된 참된 신념은 지식이고, 합리적인 설명이 없는 참된 신념은 그것이 아무리 참된 신념이라고 해도 지식이 아니라는 결론에 도달한다. 오늘날까지도 대다수의 인식론자들은 플라톤의 이런 논의에 기초하여 지식이란 정당화된(합리적으로 설명된) 참된 신념이라는 정의를 내린다.

인식론적으로 이것은 다음과 같이 설명된다. "우리가(S) 사실이 어떠어떠하다는 것(P)을 정당한 근거에 의거해서 믿을 때만, S는 P를 안다. 이것은 세 개의 조건으로 분석될 수 있다."[6]

(1) S는 P라는 신념을 갖는다.

(2) P가 참이다.

(3) S가 P라는 신념을 갖는 것이 인식론적으로 정당하다.

우리는 보통 (1)을 신념 조건, (2)를 진리 조건, (3)을 정당화 조건이라 부른다. 신념 조건은 S가 P라는 신념을 가질 때에만 S는 P를 안다는 것이며, 진리 조건은 P가 참이어야만 S는 P를 안다고 할 수 있다는 것이다. 정당화 조건은 신념의 정당한 근거에 관한 것이다. 말하자면 S가 P라는 신념을 어떤 정당한 근거에 기반해서 가질 때만 S는 P를 안다는 것이다.

토대론과 정당화 조건

정당화 조건과 관련해서 토대론은 가장 강력한 이론이었다. 토대론은 피라미드식 구조를 옹호하는 입장인데, 이를 좀더 자세히 살펴보자.

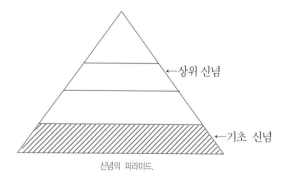

신념의 피라미드.

하나의 피라미드는 수많은 돌들이 쌓여서 이루어지며, 각 돌들은 바로 밑에 있는 돌들에 의해서 지지된다. 이런 지지의 과정은 땅에 근거하고 더 이상 다른 돌들에 의존하고 있지 않은 돌들에서 종결된다. 이때 각 돌을 우리의 신념이라 하고, 피라미드는 우리의 신념체계라고 가정해보자. 신념체계의 윗부분에 있는 신념들은 아랫부분에 있는 신념들에 의해 지지되고 있으며, 가장 밑부분에 있는 신념들은 그 정당성을 다른 신념들에 의존하지 않는다.

기초 신념은 의심할 여지없이 확실한 것이다. 말하자면 그것은 다른 상위 신념들을 떠받치지만, 그 자신은 다른 것에 의해서 떠받쳐지지 않는, 자체적으로 정당한 신념이다. 우리는 이를 통상 기초적 신념(basic belief)이나 토대적 신념(foundation belief) 혹은 직접적으로 정당화된 신념(immediately justified belief)이라 부른다. 반면에 상위 신념은 당연히 비기초적 신념(non-basic belief)이나 추론적으로 정당화된 신념(inferentially justified belief)이라 불린다.

이런 피라미드적 구조에서 보면 비기초적 신념들은 직접 혹은 간접적으로 기초적 신념에 의해서 정당화된다. 기초적 신념과 맞닿아 있는 비기초적 신념은 기초적 신념에 의해 직접적으로 정당화되며, 기초적 신념과 몇 단계 멀리 떨어져 있는 비기초적 신념들은 다른 비기초적 신념들을 거치면서 간접적으로 기초적 신념과 연결된다. 그러므로 우리의 신념체계에서 모든 비기초적 신념들은 그 정당성을 (긍정적으로는) 인식 정당성의 근원인 기초적 신념에 의존하고 있는 것이다. 하지만 의존의 방향이 거꾸로 진행될 수는 없을 것이다. 즉, 기초적 신념이 비기초적 신념에 의존하지는 못할 것이다. 만약 그

렇게 된다면, 그것은 토대가 가장 위쪽으로 가는 이상한 나라의 피라미드가 되고 말 것이다.

우리가 정당화의 조건을 이런 식으로 설명한다면, 'S가 P라는 신념을 갖는 것이 인식적으로 정당하다'는 정당화 조건은 신념 P가 기초 신념이거나 기초 신념과 직·간접으로 연결된다는 의미를 갖는다. 전통적인 경험론이나 합리론이 모든 지식의 근원인 기초 신념을 찾아 헤맨 것도 이런 정당화 조건을 충족시키기 위한 것이었다.

이성주의가 꼭지점을 땅에 대고 서 있는 피라미드라면, 경험주의는 밑면으로 버티고 있는 피라미드이다.

지식은 합리적으로 선택된 신념이다

위의 세 가지 조건, 즉 신념 조건, 진리 조건, 정당화 조건을 모두 충족시키는 것만을 지식이라고 불러야 한다는 주장은 지나치게 이상적이다. 현실적으로 우리는 이런 지식을 소유하기 어려울 것이다. 우리는 이를 '정당화주의 인식론'이라 부를 것이다. 이와는 다르게 실제로 우리가 갖고 있고, 또 가질 수 있는 지식을 토대로, 반증주의 인식론을 구성해볼 수 있다. 이러한 입장은 신념 조건을 제거해버리고, 진리 조건과 정당화 조건을 크게 완화시킨 것이다. 이것은 다음과 같이 설명된다.

먼저 신념 조건 (1)은 불필요하다. 왜냐하면 지식은 꼭 어느 누군가의 의식 속에 존재할 필요는 없기 때문이다. 아무도 그 의미를 충분히 알지 못하는 지식도 있을 수 있다. 다음으로 (2) 'P는 참이다'는 진리 조건을 (2′) 'P는 참에 가깝다'로 바꾼다. 이러한 변경은 우리가 갖는 어떠한 신념도 현실적으로는 참이 아니라 참에 가까울 뿐이기 때문에 불가피하다. 물론 우리가 추구하는 것은 '절대적인 참'이다. 그렇지만 이런 참에 도달하는 것은 현실적으로 불가능하다. 우리는 어떠한 상황에서도 오류를 범할 수 있기 때문이다. 인간의 오류 가능성과 우리의 신념이 절대적으로 참이라는 주장은 양립할 수 없다.

다음으로 'S가 P라는 신념을 갖는 것이 인식론적으로 정당하다'는 정당화 조건 (3)을 'P라는 신념이 합리적으로 선택된다'는 (3′)로 바꾸는 것이다. (3)과 (3′)의 차이점은 무엇인가? 그것은 정당화 조건을 선호의 조건으로 바꾸는 것이다. (3)은 우리의 신념을 어떻게든 기초적 신념과 연결시켜야만 한다. 그렇지만 (3′)는 그렇게 할 필요가 없다. 여기서는 우리의 신념을 기초적 신념과 비기초적 신념으로 엄격하게 나눌 필요가 없으며, 신념 P가 여러 경쟁하는 신념들 P′, P″, P‴······ 중에서 선택되는 이유만 밝히면 된다.

예컨대 '태양이 지구를 돈다'는 천동설(t_1)과 '지구가 태양을 돈다'는 지동설(t_2)이 경쟁을 벌이고 있다고 하자. 왜 우리는 t_1을 버리고 t_2를 선택하는가? 그 이유는 t_1은 우리의 경험에 의해 논박되었고 t_2는 입증되었기 때문이다. 그렇지만 t_2에 대한 입증이 절대적으로 확실한 것이 아닌 한에서, t_2가 정당화되었다고 보기는 어렵다. t_2에 대한 입증은 현재 상태에서 그것이 반증되지 않았으므로 선택되는 이유를 제공할 뿐인 것이다.

이런 반증주의 인식론의 관점에서 보면 지식이란 '정당화된 참인 신념'이 아니라, '선택된 참에 가까운 신념'이라 할 수 있다. 말하자면 그것은 진지(episteme)가 아니라 억측(doxa)인 것이다. 이런 지식은 다음과 같이 간략하게 분석될 수 있다.

    (1) P는 참에 가깝다.
    (2) P가 합리적으로 선택된다.

반증주의 인식론의 전통적 인식론에 대한 비판

근대의 인식론자들은, 경험주의이든 합리주의이든, 모두 인식론의 과제를 지식의 궁극적 근원을 해명하는 데 두었다. 하지만 반증주의 인식론의 관점에서 보면, 경험주의와 합리주의를 가릴 것 없이 전통적 인식론은 모두 잘못된 것이다. 왜냐하면 이들은 절대적으로 확실한 지식의 궁극적 근원을 확립하려는 불가능한 시도에 매달렸을 뿐만 아니라, 이런 과정을 통해서만 지식의 성장을 설명할 수 있다고 잘못 이해했기 때문이다.

경험주의는 흄(D. Hume)의 다음과 같은 고전적인 진술에서 정식화되었다.

내가 당신에게 어떤 특정한 사실을 믿는 이유가 무엇이냐고 묻는다면, 당신은 몇 가지 이유를 대야 할 것이다. 그리고 그 이유는 또 다른 몇몇 사실과 연관될 것이다. 그러나 무한정 이런 식으로 진행할 수는 없으므로 기억이나 감각에 나타난 어떤 사실에 이를 수밖에 없거나, 아니면 당신의 신념은 전혀 근거가 없음을 시인해야 한다.

흄의 이런 정식화에 의하면, '당신은 그것을 어떻게 알게 되었는가? 당신의 주장의 근원은 무엇인가?'라는 질문은 '당신 주장의 기초를 이루는 관찰(또는 관찰의 기억)은 어떤 것인가?'라는 질문이 된다. 그리고 이 질문에 대한 대답은 분명히 목격자의 (때때로 직접적 관찰 문장이나 기초적 진술이라 불리는) 관찰 보고가 될 것이다.[7]

그러나 이러한 대답은 잘못된 것이다. 왜냐하면 우리들 주장의 대부분은 관찰에 기초한 것이 아니라 온갖 종류의 다른 근원에 기초하고 있기 때문이다. 즉, '당신은 그것을 어떻게 알게 되었는가?'라는 질문에 대한 답변으로 '나는 철학학술지에서 그것을 읽었다'거나 '나는 백과사전에서 그것을 읽었다'는 표현이 '나는 오늘 그것을 관찰했다'

경험주의는 조각 그림에 대해 그 자체의 의미를 인정한다. 따라서 어떤 개체나 사건은 그 자체로서 이해될 수 있다고 본다.

이성주의는 어떤 개체나 사건을 이해하기 위해
우주 전체를 알아야 한다고 본다.

거나 '관찰의 결과 그것을 알게 되었다'라는 표현보다 답변으로서는 더 그럴듯하고 명확하게 들린다.

언뜻 보기에 이러한 주장은 불합리해 보인다. 나의 직접적인 관찰보다 더 확실한 지식의 근거란 없을 것으로 생각되기 때문이다. 그렇지만 우리 자신의 관찰도 얼마든지 잘못될 수 있다는 사실을 상기한다면, 여러 가지 비판적 시험을 견뎌낸 이론이나 전통 쪽에 더욱 믿음이 간다고 할 수 있을 것이다.

데카르트에 의해서 정초된 근대의 합리주의 역시 마찬가지로 비판의 대상이 된다. 합리주의는 우리가 이성에 의해 명석 판명한 관념을 갖는다고 주장한다. 그러므로 우리가 명석하고 판명하게 보는 것은 그대로 진리여야 한다. 이에 대해 우리는 다음과 같이 비판할 수 있다. '명석함과 판명함이 진리의 기준이 될 수는 없다. 왜냐하면 지적 직관은 우리에게 사물을 분명하게 보여줄 수도 있지만, 우리를 오도할 가능성도 갖고 있기 때문이다.'

따라서 경험주의와 합리주의는 모두 낙관적인 인식론들이라 할 수 있다. 낙관적 인식론은 '진리는 명백하다'는 교설에 기초해 있다.[8] 이런 교설에 따르면 누군가가 진리를 은폐하지 않는 한 진리는 스스로를 드러내는 힘을 갖고 있다. 또한 우리에게는 어떤 권위에 호소하지 않고도 진리를 이해하고 진리를 거짓과 구별할 수 있는 능력이 있다. 말하자면 모든 인간은 자연을 올바르게 관찰할 수 있는 감각 지각의 능력 속에, 또는 명석 판명한 관념을 확보할 수 있는 지적 직관의 능력 속에 지식의 근원을 보유하고 있다는 것이다. 이런 낙관적 인식론은 근대 과학과 기술 공학의 탄생을 가능하게 했을 뿐만 아니라, 자유주의 사상의 배경이 되기도 했다. 그렇지만 이런 낙관적 인식론은 새로운 권위주의이며, 독단주의이다. 그들은 단지 전통적 권위를 새로운 권위, 즉 감각과 지성의 권위로 대체했을 뿐이다.

관찰도 이성도 권위는 아니다. 지적 직관과 상상력이 매우 중요하긴 하지만 믿을 만한 것이 되지는 못한다. 지식은 관찰의 축적에 의해서 성장하는 것이 아니라 추측들을 비판적으로 검토함으로써 성장한다.

반증주의 인식론과 비판적 합리주의

비판적 이성에 기초한 비판적 합리주의

우리가 앞에서 가장 합리적인 지식의 모형으로 제시한 반증주의 인식론은 비판적 합리주의(Critical Rationalism)가 강력히 주장하는 이론이다. 비판적 합리주의는 우리의 삶과 실천이 비판적 이성에 기초해야 한다는 교설이다. 비판적 이성은 독단적 이성과 대립된다. 독단적 이성이 이성의 절대적 확실성을 주장하는 데 반해, 비판적 이성은 실수를 저지를 수 있는 이성의 오류 가능성을 인정한다. 그러나 비판적 합리주의는 객관적인 진리를 확실하게 파악하는 것은 인간에게 불가능하므로 판단을 보류해야 한다는 회의주의를 용인하지도 않으며,

진리란 그것을 파악하는
자의 여러 조건에 의존하
고 제약되므로 절대적 진
리란 존재하지 않는다고
하는 상대주의도 거부한
다. 그러므로 전체적인 관
점에서 보면 비판적 합리
주의는 독단주의와 회의

칼 포퍼(1902~1994).

주의라는 양극단을 모두 거부하고, 이성의 오류 가능성을 인
정하면서도 오류를 제거함으로써 우리가 진리로 점차 가까이
다가갈 수 있음을 주장하는 태도라 할 수 있다.

독단주의와, 회의주의나 상대주의의 중간 위치에 놓여 있는
비판적 합리주의의 위상은 다음과 같이 나타낼 수 있다.

독단주의	비판적 합리주의	회의주의·상대주의
독단적 이성 : 우리의 앎은 절대적으로 확실하다. 정당화주의 인식론	비판적 이성 : 우리는 수많은 실수를 저지를 수밖에 없지만, 시행착오의 과정을 통해 진리로 점차 가까이 다가갈 수 있다. 반증주의 인식론	회의적 이성 : 우리는 아무것도 확실하게 알지 못한다. 우리의 앎은 상대적일 뿐이다. 상대주의 인식론

비판적 합리주의를 대표하는 칼 포퍼는 이를 다음과 같이 주장한다.

실수로부터 그리고 실수의 계속적인 교정에 의해 의식적으로 배우고자 하는 것이 내가 비판적 합리주의라 부르는 태도의 원리이다.[9]

이성이란 무엇인가? 합리주의가 주장하는 이성은 크게 두 종류로 나눌 수 있다. 하나는 좁은 의미에서 우리의 감각 경험과는 구별되면서 개념적 인식을 수행할 수 있는 특수한 지적 능력을 의미한다. 반면에 넓은 의미의 이성은 감각 경험을 포괄하는 우리의 일반적인 지적 능력을 가리킨다.

좁은 의미의 이성은 경험의 한계를 넘어 진리를 파악하거나 그것으로부터 추가적인 결론을 도출해내려고 한다. 좁은 의미의 이성을 주장하는 철학자들은 우리가 이성의 힘으로 명석하고 판명한 관념(clear and distinct idea)을 가질 수 있으며 이를 통해 사물의 본질을 통찰할 수 있다고 생각한다. 이들은 특히 신의 존재나 의지의 자유, 영혼의 불멸성 등을 이성적 논증을 통해 증명할 수 있다고 보며, 이런 이성의 권능은 완전무결하므로 추호의 의심도 없는 절대적 진리를 확립하려고 시도한다. 그러므로 이런 이성을 주장하는 입장을 우리는 절대적 합리주의나 독단적 합리주의라 부른다.

이와는 대조적으로 넓은 의미의 이성은 기본적으로 근거

있는 신념을 확립하고자 하는 지적 능력으로 이해된다. 즉, 이때의 이성은 참된 신념과 거짓된 신념을 합당한 근거에 의해 구별할 수 있는 능력이라고 할 수 있다. 그러므로 이것은 맹목적인 신념이나 권위와 대립된다. 우리는 때로 편견이나 미신에 사로잡혀 혹은 권위에 맹목적으로 복종함으로써 아무런 근거 없는 신념을 가질 수도 있는데, 이것은 이성적 태도가 아니다. 이성적 태도란 어떤 신념을 나름대로의 합당한 근거가 있을 때만 수용하는 태도이다. 이런 관점에서 보면 과학이란 이성적 활동의 과정이며 그 결과라고 할 수 있다. 그렇지만 이런 이성은 절대적으로 확실한 진리를 확립할 수 있는 것이 아니다. 구축된 지식체계는 언제나 비판의 대상이 되며, 새로운 탐구의 길은 어느 때든 열려 있다. 비판적 합리주의는 이런 넓은 의미의 이성에 기반한다고 할 수 있다.

비판적 합리주의의 두 핵심 논제

우리는 비판적 합리주의를 오류 가능주의와 합리적 비판이라는 두 개의 핵심 논제로 설명할 수 있다.

오류 가능주의

오류 가능주의(Fallibismus)는 우리의 이성은 항상 실수를 저지르고 잘못을 범할 가능성을 가지고 있다는 주장이다. 이것은 비판적 합리주의가 주장하는 인식론의 가장 중심적인 논제인데, 이에 기초해서 절대적으로 확실한 앎은 존재하지 않는다는 주장이 가능해진다.

우리가 만약 절대적으로 확실한 앎을 얻고자 한다면, 결국 다음과 같은 세 가지 방식 중 어느 하나를 선택하지 않을 수 없게 될 것이다. 즉, (i) 보다 더 확실한 근거를 찾아 끝없이 소급해 올라가는 무한퇴행에 빠지거나 (ii) 증명의 과정에서 이미 증명이 요구되는 명제로 되돌아감으로써 증명의 논리적 순환에 빠지거나 혹은 (iii) 어떤 지점에서 인식의 정초작업을 자의적으로 중지해야 한다.[10]

(i)의 무한퇴행은 a의 근거를 b에서 구하고, b는 다시 c를 근거로 해서 설명하는 식인데, 이러한 a→b→c……와 같은 과정은 끝없이 진행될 수 있다. (ii)의 순환논증 역시 논리적 오류를 범한 논증인데, p는 q를 기초로 설명하고, q는 r을 기초로 설명한 후 r은 다시금 p를 기초로 설명하는 방식이다. (iii)은 논리적 오류를 범하지는 않았지만, 항상 독단주의로 귀착되지 않을 수 없게 된다. 왜냐하면 그것은 어떤 단계를 인식의 최종점, 즉 아르키메데스적 기점으로서 자의적으로 설정하기 때문이다.

이리하여 비판적 합리주의자들은 경험에 의해서건 좁은 의미의 이성에 의해서건 절대적으로 확실한 앎에 도달하고자 하는 생각을 진리의 계시이론과 밀접하게 연관되어 있다고 생각한다. 또한 그들은 신비한 종교적 영역으로 도피하여 앎을 독단화하는 이러한 태도를 앎의 진보를 방해하는 방식이라 주장하기도 한다. 이러한 앎의 태도는 사회·정치적 영역에서 종종 독재적이고 반민주적인 생활양식을 초래한다. 절대적 진리를 주장하는 정치이론이나 이데올로기가 존재할 때는 소수에 의한 진리의 독점 현상이 불가피하게 발생하기 때문이다.

그렇다면 비판적 합리주의는 어떤가? 비판적 합리주의는 절대적인 앎을 주장하지 않기 때문에 독단주의에 빠질 위험은 없다. 어떤 단계도 앎의 최종 단계로 간주되지 않기 때문이다. 그것은 순환논증의 오류를 범하고 있지도 않다. 또한 보다 나은 앎을 끊임없이 추구하면서도 현재 상황에서 비판을 견뎌낸 이론을 잠정적 진리로 받아들이기 때문에 무한퇴행에 빠진다고 말할 수도 없을 것이다.

합리적 비판

모든 인식은 합리적 비판을 필요로 한다.[11] 이 합리적 비판의 이념은 인간 이성의 오류 가능성이라는 첫 번째 명제와 관련해서 제시된 것이다. 말하자면 이 명제는 우리의 이성이란 본래 오류를 범할 가능성을 갖고 있기 때문에, 우리의 앎은 독단에 호소해서가 아니라 비판적 시험과 논의에 의해서 증진되고 개선될 수 있다는 것을 의미한다. 포퍼는 이에 대해 다음과 같이 주장한다.

나는 절대적으로 확실하게 알지는 못한다. 나는 다만 추측할 뿐이다. 그렇지만 나는 나의 추측을 비판적으로 검토

할 수 있다. 그리고 만약 그 추측이 엄격한 비판을 견디어낸다면, 그것 자체가 그 추측이 옳다는 충분히 비판적인 이유라고 볼 수 있을 것이다.[12]

우리가 진리를 궁극적으로 정초시키려고 하지 않고 합리적 논증의 도움으로 비판적으로 시험하고 비판적으로 논의하고자 한다면, 진리에로 가까이 접근해갈 수는 있다. 그러나 이때에도 절대적 확실성에 도달할 수는 없다. 그러므로 비판적 합리주의에서는 합리적 비판과 자기비판의 준비가 일반적인 삶의 방식으로서 요구된다. "적시에 오류를 교정하고자 하는 이 방법을 따르는 것은 지식을 획득하기 위한 규칙일 뿐 아니라, 바로 도덕적인 의무이다. 그것은 끊임없는 자기비판과 학습을 위한 의무이며, 우리의 태도와 판단과 이론을 끊임없이 조금씩 수정하기 위한 의무이다."[13] 이러한 원리 위에서 비판적 합리주의의 과학철학과 사회철학의 여러 이론들이 나타난다.

비판적 합리주의의 연원

비판적 합리주의란 말은 칼 포퍼의 철학에서 연유되었고 그의 수많은 작품 속에서 비판적 합리주의의 이론이 추구되고, 심화되고, 응용되었다. 그러나 포퍼는 그 자신이 완전히 새로운 방법을 발견했다고 주장하지는 않는다. 그는 비판적 합리주의의 정초를 소크라테스에게로 돌렸다. 그리고 근대의 임마누엘 칸트에서 그 이념을 재발견한다. 소크라테스의 철학은 '무지의 지'에 기초하고 있다. 이것은 나는 아무것도 확실하게 모르며, 내가 알고 있는 것은 내가 무지하다는 사실 하나뿐이라는 것이다. 이러한 소크라테스의 주장은 역설적으로 들리기도 하지만, 무지의 자각과 지적 겸손을 상징적으로 보여준다. 임마누엘 칸트는 그의 『순수이성비판 *Kritik der reinen Vernunft*』에서 모든 것을 알 수 있다고 자만하는 이성에 한계를 설정하고자 한다. 말하자면 그는 우리가 알 수 있는 것과 알 수 없는 것의 경계선을 분명히 긋고자 한다.

검증 가능성과 과학의 기준

논리 실증주의자들의 검증 가능성의 원리

정당화주의 인식론을 주장하는 20세기의 대표적인 철학이 논리 실증주의이며, 이들의 대표적인 이론이 검증 가능성의 원리이다. 논리 실증주의 철학은 1920년대 오스트리아의 비엔나 대학에서 출발했기 때문에 때로는 비엔나 학파의 철학이라고도 불린다.

비엔나 학파란 오스트리아의 비엔나 대학을 중심으로 과학에 투철한 관심을 갖고 과학적 세계관을 형성하고자 했던 슈릭(M. Schlick), 카르납(R. Carnap), 한(H. Han), 바이스만(F. Waismann), 노이라트(O. Neurath) 같은 일군의 철학자, 과학자 집단을 가리키는데, 이들은 자신들의 견해를 논리 실증주의 내지 논리 경험주의라고 불렀다.

이들은 검증 가능성이라는 의미의 기준에 의해 모든 의미 있는 진술들을 두 종류로 분류했는데, 하나는 경험적 진술이고, 다른 하나는 동어반복적 진술이다. 경험적 진술은 일상생활의 사실적인 진술들을 포함하는 것으로 이해되는 자연과학의 진술들이며, 동어반복적인 진술은 전형적으로 수학이나 논리학 같은 데서 접하게 되는 것들로서 우리의 개념에 관한 것일 뿐 사실세계에 관한 진술이 아니다. 모든 의미 있는 진술은 이 둘 중 어느 하나이지 않으면 안 된다. 형이상학적 진술은 이 둘 중 어느 것에로도 분류될 수 없는 것이다. 그러므로 그것은 무의미한 진술이 된다.

과학이 경험적 근거를 가져야만 한다는 논제는 근대 과학의 오랜 전통이라 할 수 있다. 그것은 갈릴레오(Galileo)와 같은 근대 과학의 선구자들이 관찰과 실험의 방법을 도입함으로써 오직 그것(관찰과 실험)에 근거한 사실만을 과학적 사실로서 인정한 이후부터 지금까지 이어지고 있다. 이런 전통 위에서 '과학적 세계관'을 표방하는 논리 경험주의는 우리의 모든 주장은 경험적으로 검증 가능할 때만 의미를 갖는다고 선언하기에 이른다. 논리 실증주의의 그 유명한 검증 가능성의 기준은 이렇게 해서 출현한 것이다.

검증 가능성의 기준이 갖는 특징은 철저한 환원주의이다. 환원주의는 주어진 어떤 단어나 명제를 보다 확실한 요소들로 분해할 수 있다고 보는 입장이다. 예컨대 논리 실증주의는 '모든 장미는 붉다'는 보편 진술을 우리가 직접 관찰할 수 있는 사실들에 관한 진술들, 즉 '장미1은 붉다' '장미2는 붉다'…… '장미n은 붉다'는 단칭 진술을 모두 모은 연접으로 바꿀 수 있다고 본다. 지식의 성장에 있어서도 논리 실증주의는 벽돌을 쌓아 집을 짓듯 지식은 누적적, 축적적으로 성장해간다고 주장한다.

논리 실증주의자들이 주장한 검증원리에 따르면 한 진술의 의미란 그 진술의 검증 방법이다. 따라서 진술의 의미를 안다는 것은, 즉 진술을 이해한다는 것은 그 진술을 검증하는 방법을 안다는 것이다. 만일 진술을 검증할 수 있는 방도가 없다면, 그 진술은 전혀 의미가 없는 것이다. 형이상학에 대한 거부는 금세기에 처음 등장한 새로운 현상은 아니지만, 그것이 무의미한 진술이기 때문에 배격되어야 한다는 주장은 논리 실증주의에 의해 처음으로 제기되었다고 할 수 있다.

유의미한 명제 중 기본적인 것이 원자 명제이며, 이 원자 명제들의 결합에 의해서 분자 명제들이 도출된다. 분자 명제는 원자 명제들의 진리함수로서 그것의 진리치는 분자 명제를 구성하고 있는 원자 명제들의 진리치에 의해서 결정된다. 그러므로 그 진리치가 경험적 관찰에 의해서 검증되는 원자 명제와 그것의 진리함수인 분자 명제를 제외한 사실세계에 관한 모든 명제는 인식적 내용이 없는 기호의 무의미한 결합에 불과한 사이비 명제이다.

우리가 논리 실증주의자들의 이러한 검증원리를 승인하지
못하는 이유는 이렇다.

   i) 우리가 만약 검증 가능성의 원리를 받아들인다면 형이
      상학뿐만 아니라 자연과학의 이론까지도 부정할 수밖
      에 없으며,
   ii) 의미의 기준과 과학의 기준은 구별되어야 하기 때문
      이다.

진술에 대한 구분

이러한 논의에 대한 정확한 이해를 위해서는 먼저 진술들
을 정확하게 구분할 필요가 있다. 전통적으로 진술들은 단칭
진술과 특칭 진술 및 전칭 진술로 구분되어왔다. 단칭 진술은
확정적인 한 대상이 어떻다는 것을 언급하는 반면, 전칭 진술
은 어떤 종류의 대상 일반을 언급한다. 따라서 보편 진술이라
고도 불린다. 그리고 특칭 진술은 확정되지 않은 무엇이 어떻
다는 것을 언급한다. 예컨대 '이 장미는 붉다'는 주장은 단칭
진술인 반면, '모든 장미는 붉다'는 주장은 전칭 진술(보편 진
술)이며, '어떤 장미는 붉다'는 주장은 특칭 진술이다.

현대적 관점에서 보면 과학적 이론들을 표현하는 보편 진
술을 더욱 세분하는 것이 필요하다.[14] 우리가 보편 진술을 세
분한다면, 하나는 엄격한 (혹은 순수한) 보편 진술로, 다른 하

나는 수적 보편 진술로 구분할 수 있다. 엄격한 보편 진술은 시간과 공간의 제한 없이 보편적으로 어떤 종류의 대상에 대해 그러므로 무한한 수의 대상에 대해 어떤 주장을 하는 것이다. 반면에 수적 보편 진술은 특정한 시공 영역 내의 유한한 수의 어떤 대상에 대한 주장이라 할 수 있다. 예컨대 '모든 여성은 아름답다'는 주장은 엄격한 보편 진술(strictly universal statement)이라 할 수 있고, '현재 한국의 모든 여성은 아름답다'는 주장은 수적 보편 진술(numerical universal statement)이라 할 수 있다. 수적 보편 진술은 충분한 시간만 있으면 문제되고 있는 집합의 모든 원소들을 하나씩 드러낼 수 있기 때문에 실제로는 단칭 진술들의 연접들과 동치라고 할 수 있고, 그러므로 그것은 원리상 단칭 진술로 분류될 수 있다.

논리 실증주의자들 대다수가 한때는 엄격한 보편 진술도 원리상 유한한 수의 단칭 진술들의 연접으로 환원될 수 있다고 주장했다. 그렇지 않다면 엄격한 보편 진술들은 그들이 주장한 검증 가능성의 원리를 만족시킬 수 없기 때문이다. 이때에는 엄격한 보편 진술과 수적 보편 진술의 구별은 의미가 없어진다. 그렇지만 과학의 법칙을 나타내는 보편 진술을 단칭 진술들의 연접으로, 즉 수적 보편 진술로 보는 해석은 자연의 법칙을 제대로 표현했다고 하기 어려울 것이다. 왜냐하면 우리는 현재 알고 있는 세계만이 아니라, 아직 알지 못하는 미래의 세계, 미지의 세계에도 적용되는 자연의 법칙을 탐구하고 있기 때문이다. 이런 법칙을 소유할 때만 제약 없는 예측과 설

명이 가능해진다. 그러므로 이런 법칙은 엄격한 보편 진술의
형식을 띨 수밖에 없는 것이다.

개별 개념에서 보편 개념으로의 상승은 가능한가

보편 진술들과 단칭 진술들이 구별되어야 한다는 주장과
같은 맥락에서, 보편 개념(혹은 이름)과 개별 개념(혹은 이름)은
구별되지 않으면 안 된다. 개별 개념들은 고유 명사나 고유 명
사들과 교환 가능한 이름들을 써서 정의할 수 있는 반면, 보편
개념들은 고유 명사를 사용하지 않고서도 정의될 수 있다. '이
퇴계'나 '을지문덕'은 개별 개념들이고, '철학자'나 '장군'은
보편 개념들이다. '이것'이나 '저것' 같은 지시 대명사도 상황
에 따라 고유 명사와 같은 역할을 한다.

우리는 집합에 있어서도 개별 집합과 보편 집합으로 나눌
수 있다. 개별 집합은 특정의 시공간에 존재하는 원소들의 집
합이다. 예컨대 '현재 서울의 개'라는 집합은 우리가 하나하나
열거할 수 있는 유한한 원소들로 이루어진 집합이다. 그러므
로 그것은 개별 집합이라 할 수 있고, 그 집합을 가리키는 개
념(혹은 이름)은 개별 개념(혹은 이름)이 된다. 반면에 '개'라는
보편적 집합은 네 발을 가지고 있고, 냄새를 잘 맡으며, 젖을
먹여 새끼를 기르는 속성을 지닌 일종의 생명체의 집합으로,
그 원소들이 특정한 시공의 제약을 받을 필요가 없는 집합이
다. 그러므로 우리는 그 원소들을 다 열거할 수 없으며, 이런

보편 집합을 가리키는 개념만이 보편적 개념이 된다.

이것은 개별 사물을 가리키는 개별 이름들의 도움을 받아 보편 이름을 정의하려는 어떠한 시도도 실패할 수밖에 없다는 것을 의미한다.[15] 기호 논리학은 추상의 방법에 의해 개별 이름들로부터 보편 이름들로 상승할 수 있다고 주장한다. 아마도 우리는 추상의 방법으로 어느 정도의 일반화에는 도달할 수 있을 것이다. 그러나 그 일반화는 여전히 외연이 고정된 개별 이름의 단계라고 해야 할 것이다. 이러한 방법이 성공하지 못하는 것은 단칭 진술로부터 보편 진술로 이행하고자 하는 귀납논리가 성공하지 못하는 것과 같은 이치이다.

비판적 합리주의자들이 보는 과학의 기준

논리 실증주의자에 의하면 단칭 진술은 지금 여기서 검증될 수 있는 주장이므로 유의미한 진술이며, 특칭 진술 역시 경험적으로 검증될 수 있는 가능성을 갖고 있으므로 유의미한 진술이 된다. 이에 반해 보편 진술은 단칭 진술의 진리함수로서 간주될 때만 유의미하게 될 뿐, 그렇지 못할 때는 무의미하게 된다. 그리고 동시에 유의미한 진술들만이 과학적인 진술일 수 있다. 이것은 다음과 같이 정식화될 수 있다.

"주장된 진술(또는 명제)은, 그것이 관찰이나 지각을 표현하는 요소 명제로 환원 가능할 때, 그리고 오직 그럴 경우에만, 과학적인 것이다." 이것이 과학의 기준으로서 제기된 검증 가능성의 원리라고 할 수 있다.

이런 기준이 정당화되려면, 과학적인 주장이나 이론 속에는 어떠한 형이상학적인 요소도 존재해서는 안 된다. 루드비히 비트겐슈타인은 이를 다음과 같이 표현하기도 했다.

철학의 올바른 방식이란 이런 것이다. 누군가가 형이상학적인 말을 하고자 할 때에는 그가 그의 명제 속의 어떤 기호들에 아무런 의미도 부여하지 않았다는 것을 지적해주는 것이다.

루돌프 카르납 역시 과학에서 사용되고 있는 모든 개념은 관찰적 경험이나 지각적 경험에 근거해서 정의될 수 있다는 것을 논증하려고 했다.

그렇지만 이것이 과연 가능하겠는가? 이런 환원주의는 다음과 같은 두 가지 이유에서 정당화될 수 없는 것으로 보인다. 첫째로, 우리는 보편 명사들을 사용하지 않고서는 가장 간단한 진술조차도 만들 수 없는데, 이 보편 명사는 어떤 특수한 관찰 경험으로 환원될 수 없는 것이다. 예컨대 '여기 한 그루의 나무가 있다'는 간단한 진술을 생각해보자. 언뜻 보기에 이

루드비히 비트겐슈타인(1889~1951).

진술을 경험적으로 검증하는 것은 너무나 쉬워 보인다. 나무 한 그루가 우리 눈앞에 놓여 있다고 가정해보자. 우리는 그 나무를 눈으로 볼 수 있을 뿐만 아니라, 나무를 두드려볼 수도 있고, 손으로 만져볼 수도 있다. 그런 후 '여기 한 그루의 나무가 있다'는 진술은 검증되었다고 할 수 있지 않을까? 그렇지만 엄밀하게 따져보면 이 진술은 이런 관찰 경험으로 검증된 것이 아니다. 이 진술에 나타나는 '나무'는 개별적인 경험을 넘어서는 명사이기 때문이다. 말하자면, 이 진술에 나타나는 '나무'라는 보편 명사는 일정한 법칙적인 형태를 드러내는 물체를 지시하기 때문에, 이것들은 어떤 특정의 시간과 장소에서 성립하는 어떤 특수한 관찰 경험과 완전히 일치시킬 수가 없는 것이다.[16]

둘째로, 과학적 이론이나 법칙은 보편 진술로 표현되지만, 이 보편 진술은 단칭 진술의 진리함수가 아니다. 논리 실증주의자들은 보편 진술을 단칭 진술의 진리함수라고 생각했다. 예컨대 '모든 사람은 죽는다'는 보편 진술은 '사람1은 죽는다' '사람2는 죽는다'……'사람n은 죽는다'는 단칭 진술을 모두 모은 연접이라고 생각했다. 이런 관점에서는 '모든 사람은 죽는다'는 보편 진술은 단칭 진술들 하나하나를 검증한 후 그 결과를 연접하면 결과적으로 검증될 수 있다. 이것이 바로 전칭 진술은 단칭 진술의 진리함수라는 생각이다. 그렇지만 이런 생각은 전칭 진술을 단칭 진술의 무한 집합으로 볼 때는 성립하기 어렵게 된다. 무한한 단칭 진술을 다 검증할 수는 없기 때문이다. 그리고 실제로 과학적 이론이나 법칙은 시간과 공간의 제약을 받지 않는 무차별적 주장을 하기 때문에 단칭 진술의 무한 집합으로 볼 수밖에 없는 것이다. 이러한 논의는 결국 검증 가능성의 원리는 과학의 영역까지도 파괴한다는 것을 보여준다.

따라서 검증 가능성의 기준은 너무 좁은 기준이면서 동시에 너무 넓은 기준이라 할 수 있다. 왜냐하면 그것은 과학의 보편 진술들을 모두 배격해야 된다는 점에서는 너무 좁은 기준이며, 형이상학적 명제로 간주되는 존재 진술을 배격하지 못한다는 점에서는 너무 넓은 기준이 되기 때문이다.[17)]

의미의 기준과 과학의 기준은 같은 것으로 이해해야 할 것인가, 아니면 전혀 다른 것으로 취급해야 할 것인가? 의미의 기준과 과학의 기준을 동일한 것으로 이해하는 기준에서 보면 전통적인 형이상학은 무의미한 사이비 진술들이면서 동시에 비과학적인 진술들이다. 그렇지만 의미의 기준과 과학의 기준을 완전히 다른 것으로 보는 입장에서는 형이상학이란 다만 과학이 될 수 없을 뿐이지, 무의미한 것으로 되지는 않는다. 비판적 합리주의는 과학의 기준과 의미의 기준은 완전히 다를

$$\nabla^2 \psi + \frac{8\pi^2 m}{h^2}(E-V)\psi = 0$$

슈뢰딩거의 파동 방정식.
이론 과학의 방정식의 실례. 이론 과학은 기호들을 정교하게 다루는 일이라는 인상을 주고 있다.

원자론자들은 변화를 제 자신은 변하지 않는 원자들이 다시 배열되는 것이라고 설명하였다.

뿐 아니라, 의미의 기준은 불필요하다고 본다. 이런 관점에서는 신화와 철학과 과학은 모두 하나의 연속선상에 서 있다고 볼 수 있으며, 형이상학은 무의미한 것이기는커녕 오히려 적극적인 의미를 지닌다. "탈레스에서 아인슈타인에 이르기까지, 고대 원자론에서 물질에 대한 데카르트의 사변에까지, 힘에 대한 길버트, 뉴턴, 라이프니쯔와 보르코비츠의 사변에서부터 힘의 장에 대한 패러데이(Faraday), 아인슈타인의 사변에 이르기까지, 형이상학적인 관념들은 아주 중요한 역할을 해왔다."18)

과학의 귀납적 방법

단칭 진술에서 보편 진술로의 이행

많은 사람들이 과학은 객관적인 지식이며, 그렇기 때문에 신뢰할 만한 지식이라고 생각한다. 우리는 이런 과학적 지식을 어떻게 얻을 수 있는가?

상식적 과학관에 의하면 과학적 지식이나 이론은 관찰과 실험을 통해 얻어진다. 관찰과 실험은 과학적 지식의 근원이 된다. 갈릴레오와 같은 근대 과학의 선구자들은 관찰과 실험을 도입함으로써 전통적인 태도와 결별을 고했다. 그는 관찰과 실험에 근거한 것만을 사실로 간주하고, 사실은 선입관적 관념과는 무관한 것으로 생각했다. 17세기의 과학자들은 고대의 저작, 특히 아리스토텔레스의 저서에 사로잡혀 있거나 성서를 과학적 지식의 근원으로 생각하는 전통적 과학관을 넘어서고자 했고, 그러한 태도는 오늘날까지 이어지고 있다. 이런 관점에서 보면 과학적 탐구는 관찰과 더불어 시작된다. 관찰이 이루어지기 이전의 어떤 것도 과학과 직접적인 연관이 없다. 그리고 관찰은 우리가 신뢰할 만한 과학의 토대를 제공한다.

관찰과 실험의 결과는 단칭 진술로 표현된다. '이 개나리는 노랗다' '저 장미꽃은 붉다' '이 리트머스 시험지를 그 액체에 넣었더니 붉게 변했다'와 같은 단칭 진술들이 그러한 예들이다. 누구든지 자신의 감각기관을 통해 이 진술들이 참되다는 것을 입증할 수 있다. 관찰이나 실험이 어떤 특정한 시간과 장소에서 이루어진다는 것을 염두에 둔다면, 모든 관찰 진술이 단칭 진술이라는 것은 쉽게 이해가 된다. 그렇지만 과학적 지식, 즉 과학법칙이나 이론은 어떤 구체적인 사실 하나를 가리키는 단칭 진술이 아니라, 어떤 종류의 사실 모두를 가리키는 엄격한 보편 진술로 표현된다. '모든 물체는 지구의 중심을 향해 떨어진다'나 '모든 생명체는 진화한다'는 주장이 그런 예들이다. 이들은 시간, 공간의 제약을 넘어서는 어떤 주장을 하고 있다.

문제는 여기서 발생한다. 우리가 관찰하는 것은 개별적인 사실인데, 어떻게 그것을 넘어선 보편적인 주장을 할 수 있는가 하는 문제이다. 이것은 논리적인 측면에서 보면 단칭 진술에서 보편 진술로 어떻게 이행해갈 수 있는가 하는 문제라고

할 수도 있다. 개별적인 사실의 관찰에서 보편적인 법칙이나
이론으로 이행해가는 추리를 우리는 귀납 추리라 하며, 이런
방법을 귀납적 방법이나 귀납법이라 부른다. 이것은 다음과
같이 이야기된다.

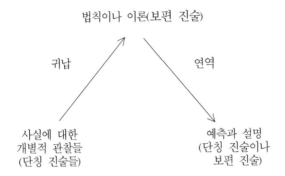

귀납의 원리는 정당화될 수 있는가

근대 과학의 출현 이후 지금까지 귀납법은 과학의 가장 중
요한 방법으로 간주되어왔다. 17세기 영국의 철학자 프란시스
베이컨(F. Bacon)이 아리스토텔레스의 연역논리와 연역법에 대
응되는 귀납논리와 귀납법을 제안했을 때, 그는 이 귀납법이
야말로 과학의 새로운 탐구 방법론이 될 것이라고 주장했고,
실제로 그렇게 되었다고 할 수 있다. 그렇지만 이런 귀납적 방
법은 다음과 같은 귀납의 원리가 정당화될 때에만 올바른 방

법이라고 해야 한다.

　　귀납의 원리 : 많은 수의 a가 다양한 조건의 변화 아래서
　　관찰되었고, 그리고 관찰된 a가 모두 예외 없이 b라는 성질
　　을 가지고 있다면, 모든 a는 b라는 성질을 가지고 있다.

　한스 라이헨바하가 갈파한 대로 "이 원리는 과학적 이론들
의 진리를 결정짓는다. 그것을 과학으로부터 배제하는 것은
과학으로부터 그 이론들의 참과 거짓 여부를 결정할 힘을 박
탈하는 것과 같다. 만약 이 원리가 없다면, 과학은 분명 그 이
론들을 시인의 마음이 지어낸 공상적이고 자의적인 것들로부
터 구별지을 권리를 더 이상 갖지 못하게 될 것이다."[19] 귀납
주의자들은 귀납의 원리가 과학 전체에서 전적으로 받아들여
지고 있고 그 누구도 일상생활에서 이 원리를 심각하게 의심할
수 없다고 주장한다. 그렇지만 아무리 자명해 보이는 원리라 할

버트란트 러셀(1872~1970).

지라도, 우리는 그것
에 대해 의문을 제기
할 수 있다. 귀납의 원
리는 정당화될 수 있
는가?

　우리는 귀납의 원
리를 정당화시키고자
하는 귀납의 문제를

흄의 문제(Hume's problem)라고 부른다.[20] 이것은 흄에 의해 귀납의 문제가 인식론의 중심 문제로서 부각되었기 때문이다. 버트란트 러셀은 귀납의 문제를 근본적으로 해결하지 못한 것을 철학의 수치라고 말하면서, 다음과 같은 이야기를 한다.[21]

칠면조 농장에서 자라게 된 이 칠면조는 첫날 아침을 맞이하면서 아침 9시에 모이를 준다는 사실을 알게 되었다. 그는 이런 사실을 여러 차례에 걸쳐 확인하였다. 매일 그는 하나하나의 관찰을 더해나갔다. 드디어 그는 충분히 많은 자료가 모였다는 판단 아래 '나는 항상 아침 9시에 모이를 먹는다'는 귀납 추리의 결론을 내리게 되었다. 그렇지만 슬프게도 이 결론은 크리스마스이브에 먹이를 먹는 대신 목이 잘림으로 말미암아 부정할 수 없는 거짓으로 판명되었다.

이 이야기가 암시하는 것은 우리가 개별적인 사례를 누적시켜 일반적인 법칙을 도출한다고 할지라도 그것은 정당화되지 못한다는 것이다. 이것이 논리적으로 정당화되지 못한다는 것은 너무나 자명하다. 귀납의 결론은 언제나 전제가 말하는 것 이상을 주장하기 때문이다.

귀납의 논리가 논리적으로 정당화될 수는 없다고 할지라도, 우리는 실제로 귀납의 논리를 사용하고 있으며, 많은 경우 그 유용성은 입증되고 있다. 예컨대 귀납에 의해 도출된 광학의 법칙은 광학기기를 만드는 수많은 경우들에 사용되었고 그리고 이런 기기들이 아주 만족스럽게 작동해왔다. 또, 혹성의 위치에 관한 관찰로부터 귀납적으로 추론한 혹성 운동의 법칙은 일식의 예측에 성공적으로 사용되어왔다. 그렇다면 귀납의 원리는 경험적으로 정당화된 것이 아닌가?

이러한 주장은 다음과 같이 정식화될 수 있다.

> 귀납의 원리는 x 1의 경우에 성공적으로 작용했다.
> 귀납의 원리는 x 2의 경우에 성공적으로 작용했다.
> ⋮
> 귀납의 원리는 x n의 경우에 성공적으로 작용했다.
> ∴ 귀납의 원리는 항상 성공적으로 작용한다.

이러한 정식화가 보여주는 것은 귀납의 원리를 정당화하기 위해 바로 문제의 그 귀납법을 사용하고 있다는 점이다. 이것은 우리가 수용하기 힘든 순환논증이다.

흄의 두 가지 물음

그렇지만 일상적인 세계에서 우리는 어떤 규칙성(자연의 법칙, 이론)을 기대하며 이를 강하게 믿고 있다. 이런 기대나 규칙성은 어디에 근거하고 있는가? 상식적인 대답은 '과거에 이루어진 반복적 관찰을 통해서'이다.

데이비드 흄은 이런 귀납의 문제에 대해 두 가지 물음을 제기했다. 하나는 논리적 문제이고, 다른 하나는 심리적 문제이다. 흄의 논리적 문제는 우리가 경험한 사례로부터 우리가 경험하지 않은 사례로 추리함이 정당화되는가이다. 이 문제에 대한 대답은 명백하게 '아니요'이다. 앞에서 논의한 대로 우리가 아무리 많은 수를 반복해서 경험했다 할지라도 정당화되지 않는다. 말하자면 우리가 경험하지 않았던 사례들이 경험했던 사례들과 유사하다는 것을 정초할 수 있는 논리적으로 타당한 어떠한 것도 있을 수 없다. 대상들의 빈번한 결합이나 변치 않는 결합을 수없이 많이 관찰한 후라도, 우리가 경험했던 것을 넘어서 대상에 관한 그 이상의 추론을 도출할 수 있는 어떠한 근거도 없는 것이다.

귀납의 문제를 해결하기 위해 많은 사람들은 확률론으로 후퇴하기도 한다. 말하자면 정당한 귀납에 의해 도달하게 된 일반화가 전적으로 참인 것으로 확인될 수는 없지만, 개연적인 참은 될 수 있다는 것이다. 이러한 주장은 귀납의 근거가 되는 관찰사례의 수가 많으면 많을수록, 관찰이 행해진 조건의 수가 많으면 많을수록 그 결과에서 도출되는 일반화가 참이 될 가능성은 높아진다는 데 기초하고 있다.

우리가 이런 확률론을 받아들인다면 귀납의 원리는 다음과 같이 정식화될 것이다. "만일 다양한 조건의 변화 속에서 많은 a가 관찰되었고 이 관찰된 a가 예외 없이 모두 b라는 성질을 가지고 있다고 한다면, 아마도 모든 a는 b라는 성질을 가지고 있을 것이다." 이때 '아마도(probably)'라는 말이 첨가되었

흄(1711~1776).

다고 할지라도, 이 결론이 여전히 보편 진술인 한에서 귀납의 문제는 해결되지 않은 채 남아 있다고 보아야 한다. 뿐만 아니라 귀납의 원리에 대한 확률적인 어떤 정당화가 가능하다고 할지라도, 어느 보편 진술의 확률도 0이라는 결론을 피하기는 어려워 보인다. 관찰 진술은 아무리 많다고 하더라도 제한적일 수밖에 없는 데 반해, 보편 진술은 제한 없이 가능한 상황에 대한 주장을 담고 있다. 여기서 참인 보편 진술의 확률은 한정된 수를 무한수로 나눈 값이 될 것이다. 그러므로 아무리 많은 관찰의 수를 증가시키더라도 그 값은 언제나 0일 수밖에 없는 것이다.[22]

흄의 심리적 문제는 그런데도 우리는 왜 우리가 경험하지 않은 사례들이 우리가 경험한 사례와 합치하리라고 기대하는가이다. 이에 대한 흄의 대답은 '습관이나 관습 때문이다'라는 것이다. 즉, 반복은 습관이나 관습을 만들어내고, 이 습관이나 관습 때문에 우리는 미래가 과거와 비슷하리라고 믿는다는 것이다.

이에 대해 우리는 다음과 같이 비판할 수 있다. 모든 귀납적 이론의 근저에 놓여 있는 기본적인 원리는 반복인데, 이 반복은 실제로는 유사성(similarity)에 근거하고 있다. 즉, A의 반복인 A´는 A와 완전히 똑같은 것이 아니라, A와 다소간 유사한 것일 뿐이다. 이것은 우리가 경험하는 모든 반복은 근사치적 반복이라는 것을 의미한다. 그렇지만 반복이 유사성에 기초를 두고 있는 반복이라면, 그것은 어떤 관점으로부터만 반복인 것이다.23) 그러므로 반복이 가능하기 이전에 반드시 기대나 예상, 가정이나 관심의 체계 같은 어떤 관점이 먼저 존재하지 않으면 안 된다는 결론에 이른다. 말하자면 비슷한 두 사물은 항상 어떤 관점에서만 비슷한 것이다. 다음의 그림이 이를 잘 예증하고 있다.24)

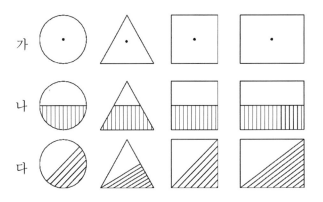

이 그림은 사물들이 여러 다른 관점에서 비슷할 수 있다는 것을 보여주며, 한 관점에서 유사한 사물도 다른 관점에서 보

면 완전히 다를 수 있다는 것을 보여준다. 만약 모양의 관점에서 보면 원, 삼각형, 정사각형, 직사각형을 유사한 집단으로 분류할 것이지만, 중심부의 점이나, 아래로 된 빗금, 옆으로 된 빗금 등의 관점에서 보면 모양은 전혀 다른 가열, 나열, 다열이 유사한 집단으로 분류될 수 있을 것이다.

귀납법에 의한 추론은 '신화'이다

관찰이나 실험의 결과로서 간주되는 단칭 진술에서 가설이나 이론과 같은 보편 진술로 이행해가는 추론을 귀납논리라 할 때, 귀납논리가 갖는 난점은 귀납의 원리를 정당화할 수 없다는 점뿐만 아니라, 그것이 아무런 전제나 이론 없이도 관찰이 이루어질 수 있다고 주장하는 점이다. 순수한 관찰을 긍정하는 이런 이론에 의하면, 우리의 마음이란 근본적으로 텅 빈 물통과 같으며 여러 재료들이 우리의 감각을 통해 이 물통 속으로 들어와 축적되고 소화된다. 오류는 오직 우리의 마음이 흐트러졌기 때문이며, 마음을 비울수록 우리는 사물을 객관적으로 볼 수 있게 된다. 이것은 철저한 인식의 수동주의이다.

이런 주장의 잘못은 관찰의 이론 의존성을, 즉 관찰자가 갖는 문제 상황이나 어떤 종류의 가설 없이는 어떠한 관찰도 불가능하다는 사실을 간과한 데에 있다. 관찰자의 능동적 역할을 강조하는 과학의 탐조등 이론(searching theory of science)[25] 에 따르면 관찰은 우리가 설정한 가설을 비판적으로 검토하는 중요한 역할을 담당하는 것이 사실이지만, 가설에 대해서는 이차적인 것이다. 일반화의 출발점이 된다고 일컬어지는 관찰에 의한 측정이란 오히려 이론에 비추어진 해석이기 때문이다. 포퍼는 이를 다음과 같이 설명한다.

> 나는 우리가 관찰에서 출발해서 거기에서 이론을 도출한다는 의미에서의 귀납적 일반화를 믿지 않는다. 우리가 이와 같은 절차를 밟아간다고 하는 선입견은 일종의 광학적 환각이라고 생각하며, 또 과학적 발전의 어떠한 단계에 있어서도 우리는 이론의 성질을 띤 어떤 것 없이 출발하는 일은 없다고 생각한다.[26]

이러한 근거에서 포퍼는 귀납주의에 대해 다음과 같은 결론을 내린다.[27] "귀납법, 즉 많은 관찰에 근거한 추론은 하나의 신화이다. 그것은 심리학적인 사실도, 일상적인 생활의 사실도, 과학적인 절차도 아니다."

과학과 비과학을 구획짓는 기준

반증 가능성의 원리

과학이란 무엇인가? 그것은 과학 아닌 다른 것들과 어떤 점에서 구별되는가? 과학과 비과학의 구획기준은 한편으로는 경험과학들과, 다른 한편으로는 형이상학적 체계들과 수학 및 논리학을 구별할 수 있게 해주는 기준이다. 칸트에 와서 이 문제가 인식론의 중심 문제가 되었기 때문에, 우리는 이 문제를 '칸트의 문제(Kant's problem)라 부른다.[28]

논리 실증주의자들은 구획의 문제를 자연주의적 방식으로 해석하고자 한다. 말하자면 그들은 구획의 기준을 마치 자연과학의 문제인 것처럼 취급하여, 학문의 본성적 차이에서 해답을 발견하려 한다. 실증주의자들에 의하면 어떤 유의미한 명제도 실재하는 그림들이나 기술들인 요소 명제들로 논리적으로 환원 가능해야 한다. 그렇지 않은 명제는 무의미한 명제가 된다. 이런 유의미성의 기준은 결국 귀납주의자들이 주장하는 과학의 구획기준과 일치한다. 그렇지만 이러한 기준은 이미 앞에서 보았듯이 제대로 된 기준이라고 하기는 어렵다. "실증주의자들은 형이상학을 절멸시키려고 시도하다가 그와 함께 자연과학까지 절멸시켜버렸다. 왜냐하면 과학의 법칙들도 경험에 관한 요소 명제들로 논리적으로 환원될 수 없기 때문이다."[29]

따라서 구획의 기준은 발견의 대상이 아니라, 합의나 협약의 제안으로 간주되어야 한다.[30] 이런 기준의 제안은 여러 가지가 있을 수 있다. 그리고 어떤 기준을 수용/거부할 것인가 하는 논의는 어떤 목적을 공유하는 당사자들 사이에서만 가능할 것이다. 이것은 과학의 목적을 어떻게 보느냐에 따라 우리가 구획의 기준을 달리 설정할 수 있다는 것을 의미한다.

비판적 합리주의가 과학과 과학 아닌 것을 구획짓는 기준으로 제시하는 것은 반증 가능성의 원리(principle of falsifiability)이다.[31] 반증 가능성의 원리란 간단히 말해서 "경험과학의 체계는 경험에 의해서 반박되는 것이 가능하지 않으면 안 된다"[32]는 이론으로 규정될 수 있다. 즉, 한 이론이 과학적 자격을 얻기 위해서는 그 이론에 모순되는 관찰을 생각할 수 있고, 그것이 경험에 의해서 반증될 수 있도록 제시되어야 한다는 것이다.

이 원리는 다음과 같은 형식으로 표현될 수 있다.

전제 : 붉지 않은 장미꽃이 x라는 장소에서 t라는 시간에 관찰되었다.

결론 : 모든 장미가 붉은 것은 아니다.

앞에서 말했듯이 우리는 관찰 진술에 근거한 논리적 연역을 통해서 보편 법칙이나 이론을 지지할 수는 없다. 그렇지만 관찰 진술을 근거로 하여 논리적 연역에 의해 보편 법칙과 이론이 거짓임을 밝히는 것은 가능하다.

이런 논의는 다음과 같이 보다 자세히 설명될 수도 있다. 과학이론은 보편 진술로 구성되어 있다. 만약 이 보편 진술이 구체적인 경험 조건에 의해 지지를 받는다고 하면, 우리는 이 보편 진술로부터 어느 특정한 공간과 시간 속에서 무엇이 관찰될 수 있는가를 지시해주는 예측을 이끌어 낼 수 있다. 예컨대 '모든 까마귀는 검다'는 보편 진술과 '시간 t_1과 장소 x_1에 한 마리의 까마귀가 있다'는 존재 진술로부터, '시간 t_1과 장소 x_1의 까마귀는 검다'는 예측을 이끌어 낼 수 있다. 이때 우리의 예측이 경험적 사실과 일치하지 않는다면 우

A B C

H
↓↓↓
A B X

X

H 2
↓↓↓
A T C

가설의 방법. A, B, C는 설명되어야 할 현상이다. 가설 H는 C를 설명하지 못한다. 이 사실 X는 H를 파괴한다. 가설 H₂는 모든 현상을 설명하므로 일단 만족스러운 가설로 뽑는다.

리는 이 예측이 틀렸다고 할 수밖에 없고, 예측이 틀렸다면 예측을 이끌어낸 가설이 틀렸다고 해야 한다. 이것은 다음과 같은 논리이다.

> 만약 가설이 옳다면, 예측이 옳다.
> 예측이 옳지 않다.
> 가설이 옳지 않다.

이를 논리적 형식으로 표기하면 다음과 같은 부정식이 된다.

$$H \rightarrow O$$
$$\frac{\sim O}{\therefore \sim H}$$

왜 반증주의는 이런 후건부정식에 기초할 수밖에 없는가? 그 이유는 논리 실증주의자들에 대한 비판적 논의에서 밝혔듯이 우리가 아무리 많은 단칭 진술들을 모은다 할지라도 보편 진술을 논리적으로 정당화시킬 수는 없지만, 하나의 단칭 진술에 의해 보편 진술을 거짓으로 만들 수는 있기 때문이다. 이것은 논리적으로 정당하다. 그렇지만 논리 실증주의자들이 주장하는 다음의 후건긍정식은 부당하다.

$$H \rightarrow O$$
$$\frac{O}{\therefore H}$$

과학적 이론은 논박 가능하다

이런 주장은 물론 과학의 경험적 기반을 포기하자는 이야기가 아니다. 과학적 이론은 경험에 의해 시험될 수 있을 때에만 과학적인 성격을 갖게 된다는 점은 논리 실증주의들이나 비판적 합리주의자들이 모두 동의하는 공통의 기반이다. 문제는 '시험(test)'의 성격을 어떻게 규정하느냐 하는 것이다. 논리 실증주의자들은 시험을 검증으로 보고자 하는 데 반해, 비판적 합리주의자들은 이를 반증으로 이해한다. 이것은 반증주의가 검증주의보다 경험의 범위를 더욱 넓혔다는 것을 의미한다.

우리의 문제는 '이론은 어느 때 참인가?' '이론은 어느 때 받아들여질 수 있는가?'가 아니라, '이론의 과학적인 성격이나 지위를 결정할 기준이 존재하는가?' '이론을 과학적인 것으로 간주해야 할 시기는 언제인가?' 하는 것이다.

이 문제와 관련해서 포퍼가 들고 있는 재미있는 예는 아인슈타인의 상대성 이론과 다른 세 이론, 즉 마르크스의 역사이론, 프로이트의 정신분석, 그리고 아들러의 개인 심리학이다. 이들의 차이는 예측에 수반되는 위험성을 받아들일 자세가 되어 있는가 아닌가 하는 데 있다. 말하자면 아인슈타인의 상대성이론의 경우 (에딩턴이 입증한) 예측한 결과가 드러나지 않는다면 그 이론이 단번에 논박되는 구조를 갖고 있는 반면, 다른 세 이론은 이런 위험을 전혀 안고 있지 않다. 이 이론들의 지지자들은 항상 이론들을 입증하는 사례들을 끊임없이 수집

함으로써 이 이론들의 설명력을 확인하려고 한다. 예컨대 마르크스주의자는 신문을 넘길 때마다 자신의 역사 해석을 입증해주는 증거를 발견한다고 주장한다. 프로이트 이론을 신봉하는 정신분석가는 임상 실험에 의해 자신들의 이론이 항상 검증되었다고 역설한다.[33]

여기서 우리는 다음과 같이 주장하고자 한다. 만약 우리가 이론을 입증하고자 하면 거의 모든 이론들은 쉽게 입증될 수 있기 때문에, 입증은 위험한 예측들의 결과일 때만 가치가 있다. 다시 말해서 문제되는 이론에 의해서는 밝혀지지 않았지만, 그 이론을 반박할 수 있는 사건을 우리가 예상할 수 있는 경우에만 입증으로서의 가치가 있는 것이다. 이것은 이론에 대한 참된 시험의 결과가 아니라면 입증의 증거는 가치가 없다는 것을 의미한다. 따라서 가능한 어떤 사건에 의해서도 논박될 수 없는 이론은 비과학적이다. 논박 불가능성은 이론의 장점이 아니라 단점이 된다.

엄격한 존재 진술은 과학인가

그렇다면 존재 진술에 대해서는 어떠한가? 보편 진술과 존재 진술은 판단의 대당(對當)관계에서 상호 모순적인 관계에 있다. 이 때문에 엄격한 보편 진술을 논의한다면 당연히 엄격한 존재 진술도 논의해야 할 것이다.

우리는 오직 보편적 이름들만이 그 안에 등장하고 개체의 이름들은 전혀 등장하지 않는 진술들을 '엄격하다'거나 '순수하다'고 규정할 것이다.[34] 이것은 논의되는 대상들이 시간, 공간의 어떠한 제약도 받지 않는다는 것과 같은 의미이다. '노란 개나리들이 존재한다'는 주장은 엄격한 존재 진술의 실례가 될 것인데, 이것은 '적어도 하나의 노란 개나리가 존재한다'와 같은 의미이다. 만약 우리가 여기에 제약을 가하여 '현재 서울 역삼동 개나리 아파트 단지에 노란 개나리가 존재한다'고 한다면, 이것은 엄격한 존재 진술이 아니라 수적 존재 진술이라고 해야 한다. 보편 진술을 두 종류로 나눈 것과 같은 논리로 존재 진술 역시 두 종류로 나누는 것이 필요하기 때문이다.

자연과학의 법칙이나 이론들은 엄격한 보편 진술의 논리적 형식을 가진다. 그러므로 이것들은 엄격한 존재 진술(혹은 엄격한 비존재 진술)의 형식으로 표현될 수 있다. 예컨대 '모든 사람은 죽는다'는 자연의 법칙은 '사람이면서 죽지 않는 자는 존재하지 않는다'는 주장과 동치이다. 이를 현대의 기호 논리학을 이용해서 Mx' 를 'x는 사람이다'로, Dx' 를 'x는 죽는다'로 기호화한다면, '모든 사람은 죽는다'는 $(x)(Mx \rightarrow Dx)$로 표현된다. 그런데 이것은 판단의 대당관계에 의해, '사람이면서 죽지 않는 자는 존재하지 않는다'는 비존재 진술 $\sim(\exists x)(Mx \& \sim Dx)$와 논리적 동치이다.

비존재 진술은 어떤 사건이나 사태가 존재하지 않음을 주장하는 것이다. 그러므로 그것은 어떤 사건이나 사태의 금지나 배제를 의미한다. 법칙이 금지하는 어떤 사건의 존재를 우리가 확인하게 되면, 그 법칙은 반증될 것이기 때문에 비존재 진술은 반증 가능하다.[35] 반면에, 엄격한 존재 진술은 어떤 것도 배제하거나 금지하지 않으므로 반증 불가능하다. 논리적으로 보면 오직 엄격한 보편 진술만이 엄격한 존재 진술과 모순된다. 그렇지만 엄격한 보편 진술을 우리가 검증할 수 없는 이상, 그것으로 반증의 작업을 하기는 어려울 것이다. 엄격한 존재 진술은 반증 불가능하기 때문에 포퍼는 이것을 형이상학적 진술이라고 규정한다.[36]

일견 이런 규정은 이상해 보인다. 물리학에서도 엄격한 존재 진술의 형식을 지니는 이론들이 있다고 주장된다. 예컨대 특정 원자 번호를 갖는 원소의 존재를 주장하는 어떤 화학적 가설이 제안되었다고 가정해보자. 이것은 분명 엄격한 존재 진술의 논리적 형식을 갖고 있는 과학적 가설이다. 그런데 왜 굳이 이것을 과학에서 배제하려 하는 것인가?

이에 대한 대답은 이렇다. 엄격한 존재 진술의 형식을 갖는 과학적 가설이 시험 가능하게 정식화되려면, 반드시 다른 진술들과 함께 연관되지 않으면 안 된다. 즉, 어떤 문맥 안에서 다른 진술들과 더불어 주어지게 되면 존재 진술도 반증 가능할 수 있다. 이런 존재 진술은 그것이 속한 이론을 풍부하게 할 수 있고, 그 반증 가능성을 높일 수 있다. 이 경우 문제의 존재 진술을 포함한 이론체계는 형이상학적이라기보다는 과학적이라고 기술해야 한다. 이러한 논의는 우리가 엄격한 존재 진술을 시간, 공간의 제약을 가하는 수적 존재 진술로 바꾼다면 반증 가능하게 될 수 있다는 주장과 유사하다고 할 수 있다. 예컨대 완전히 고립된 순수 존재 진술인 '용이 존재한다'는 주장은 반증 불가능하지만, '현재 나의 방 안에 용이 존재한다'는 수적 존재 진술은 반증 가능하다.

엄격한 존재 진술과 엄격한 보편 진술들은 원리상 경험적으로 결정 가능하다. 어떤 것이 이곳이나 저곳에 존재한다는 사실이 발견될 때마다, 엄격한 존재 진술이 검증되거나 엄격한 보편 진술이 반증될 수 있기 때문이다. 그렇지만 이것은 오직 한 방향으로만 결정 가능한 것이다.[37] 즉, 존재 진술은 검증만 가능하고 반증은 불가능하며, 보편 진술은 반증만 가능하고 검증은 불가능하다. 이를 우리는 비대칭성으로 규정한다.

검증 가능성의 원리		반증 가능성의 원리
의미의 기준은 동시에 과학의 기준이다.		과학의 기준과 의미의 기준은 완전히 다르며, 의미의 기준은 불필요하다.

과학의 경험적 기초

지각 경험의 표현 : 과학적 진술의 기저

반증 가능성이 과학과 비과학의 구획의 기준으로 수용된다 할지라도, 법칙이나 이론들을 반증할 때 사용되는 단칭 진술 들이 있어야 하고, 동시에 그것들이 참일 수 있어야 한다. 잘 못된 관찰이 발생하고 이에 따라 거짓된 단칭 진술이 제기되 어왔는데도 불구하고, 단칭 진술의 경험적 성격에 대해서는 지금껏 충분한 의문이 제기되지 않았다. 그러므로 특히 지각 경험과 기초적 진술의 관계 사이에 존재하는 분명하지 못한 점들은 규명되어야 할 과제로서 남아 있는 셈이다. 이러한 문 제 때문에 법칙이나 이론들의 경험적 성격에 관한 논의는 단칭 진술들의 경험적 성격에 관한 논의를 유발시킨다. 우리의 관찰을 표현하는 단칭 진술은 객관적으로 참일 수 있는가?

단칭 진술은 때로 기초 진술로 불리기도 한다. 그리고 우리의 지각 경험들은 기초 진술들을 정당화해줄 것으로 생각되어왔다. 예컨대 내가 한 그루의 목련꽃을 보면서, '이 목련꽃은 희다'라고 기초 진술을 만들어낸다면, 이 진술은 나의 지각에 의해 확인되었으므로 이 기초 진술이 참으로 검증된다는 것이다.

논리 실증주의자들은 우리가 감각 경험에서 '직접적 지식'을 얻으며, 이 직접적 지식에 의해 어떤 언어의 기호체계로 표현된 간접적 지식(과학의 진술들을 포함하는)을 정당화할 수 있다고 주장한다. 이런 주장을 우리가 심리주의(psychologism)라 부르는 것은 감각 경험을 우리의 의식에 직접적으로 주어진 것으로 해석하기 때문이다.

만약 우리가 어떤 주장을 다른 진술에 의해서만 정당화하려 한다면, 우리는 결코 세계와 맞닿는 지점을 발견할 수 없을 것이다. 어떤 진술은 분명 세계와 맞닿는, 즉 세계를 반영해주는 진술이어야 한다. 심리주의자들은 지각 경험을 표현하는 진술들이 과학적 진술들의 기저를 이루는 직접적 관찰 진술들이라 보고, 이를 지식의 원천으로 간주하고자 한다.

심리주의는 그것이 끼친 영향이나 발전적 변형들 때문에 좀더 자세하게 논의될 필요가 있다. 현대의 경험주의자들은 오랫동안 심리주의를 강력하게 지지해왔다. 오토 노이라트와

루돌프 카르납은 우리의 직접적 지각 경험을 표현하는 문장을 프로토콜 문장(protocol sentence)이라 부른다. 카르납에 의하면 이것은 직접적 경험이나 현상들의 내용, 따라서 알 수 있는 가장 단순한 사실을 나타내기 때문에, 확인을 필요로 하지 않을 뿐만 아니라 모든 다른 과학 진술들의 기초가 된다. 오토 노이라트는 프로토콜 문장을 다음과 같이 예시하고 있다. {3시 17분의 오토의 프로토콜[3시 16분 오토의 언어-사고 : (3시 15분, 방안에, 오토에 의해 관찰된 책상이 있었다.)]} 이 예시문이 의미하는 것은 완전한 프로토콜 문장은 특정한 시간, 공간 속에서 어떤 특정한 사람의 지각 경험을 기술해야 한다는 것이다.38)

이런 프로토콜 문장이 틀릴 수 있을까? 프로토콜 문장을 모든 지식의 원천으로 이해하는 사람들은 프로토콜 문장은 오류가 불가능하다고 보았다. 만약 그것이 오류 가능하다면 어떻게 지식의 기초 역할을 할 수 있겠는가. 그렇지만 노이라트는 프로토콜 문장들이 변경 불가능한 것이 아니라 때로는 수정 가능하다고 주장한다. 그러면서도 그는 프로토콜 문장을 탈락시키거나 채택할 규칙들을 제시해주지는 못했다. 그럼으로써 경험주의를 포기하지 않으면 안 되는 결과를 가져왔다. 왜냐하면 그러한 기초 없이는 경험적 진술이 다른 종류의 진술로부터 더 이상 구분되지 않기 때문이다. 따라서 노이라트는 독단주의의 한 형태를 피하기는 했지만 경험과학을 주장하는 자의적 체계를 위한 길을 열었다고 할 수 있다.39)

과학의 객관성은 주관적 경험이나 확신감이 아니다

우리는 프로토콜 문장과 관련해서 기본적으로 두 가지 난점을 제기할 수 있다. 첫째로 그것은 여러 사람들의 간주관(intersubjectivity)적 확인이라는 과학의 객관성과 양립하기 어렵다는 것이다. 지각 경험을 기술한 프로토콜 문장이 사실들에 관한 지식을 제공해줄 수 있다는 것을 우리는 용인할 수 있다. 그렇지만 그것이 어떤 특정 개인의 심리 상태를 기술한 것이라면, 과학의 기초로서는 부족하다고 해야 한다. 과학에서는 특정 개인의 주관적 확신이 아니라 간주관적(間主觀的)인 경험만이 문제되기 때문이다. 과학적 지식의 객관성이란 과학적 지식이 어느 누구의 변덕과도 관계없이 정당화될 수 있다는 것을 의미한다. 임마누엘 칸트는 이것을 다음과 같이 말하고 있다.

> 만일 어떤 것이 이성을 소유한 그 누구에게나 타당하면, 그것의 근거는 객관적이고 충분하다.[40]

그러므로 객관성이란 대체로 '간주관성'과 같은 뜻으로 사용되기도 한다.

물론 우리 모두가 함께 실수를 저지를 수 있는 한에서, 어떤 주장이 우리 모두에게 타당하다고 할지라도, 그것이 사실세계 자체를 그대로 반영해주지 못한다고 주장할 수도 있다.

과학적 지식이 사물 자체의 있는 그대로의 모습을 보여준다고 주장할 때, 우리는 이를 '실재적 객관성'이라 부를 수 있다. 우리는 편의상 '간주관성'을 약한 의미의 객관성이라 하고, '실재적 객관성'을 강한 의미의 객관성이라 부르고자 한다. 임마누엘 칸트가 우리는 현상의 세계에 대해서는 확실한 지식을 가질 수 있지만, 사물 자체의 세계에 대해서는 알 수 없다고 했을 때, 그는 약한 의미의 객관성을 이야기하고 있었던 것이다. 반면에 현상과 실재를 구별할 필요가 없다고 보는 입장에서는, 과학적 지식의 객관성은 실재적 객관성과 다른 것이 아니다.

어느 경우의 객관성이든 객관성은 주관적 경험이나 확신의 느낌과는 구별된다. 객관성의 특징은 반복적 실험이 가능해야 한다는 데 있다. 아무리 개인적 혹은 집단적 확신감이 강할지라도, 그것은 결코 어떤 주장을 정당화할 수 없다. 아무리 의심할 수 없는 자명한 확신도 과학의 근거를 마련해주지는 못한다. 나의 확신감이 강했느냐 아니면 약했느냐, 자명하냐 아니냐, 저항할 수 없을 정도로 강력한 인상으로부터 왔느냐 아니면 의심쩍은 추측인가 하는 것은 과학적 진술들이 어떻게 정당화될 수 있는가 하는 문제와는 아무런 관련이 없다.

이러한 논의는 우리의 지각적 경험을 표현하는 진술들, 때로는 프로토콜이라 불리는 진술들에 특권적 지위를 줄 수 없다는 것을 함축한다. 그것들은 과학 내에서 오직 심리적 진술들로만 등장한다. 과학적 지식의 객관성에 대한 요구는 우리

이성주의는 사물들이 본래부터 결합되어 있다고 생각한다.

의 지각을 표현하는 진술들도 간주관적으로 검사 가능해야 한다는 것을 요청한다. "반복 가능한 실험들의 경우처럼 특정 사건들이 규칙적으로 되풀이해서 일어날 때만, 우리의 관찰들은 원리상 누구에 의해서든지 검사될 수 있다. 우리는 심지어 우리 자신의 관찰들조차도 되풀이해서 검사하고 나서야 과학적 관찰들로서 제법 심각하게 취급하거나 받아들인다."[41] 말하자면 과학적으로 의미가 있는 '물리적 효과'는 적절한 실험을 정해진 방식대로 수행하는 누구에 의해서나 규칙적으로 재생될 수 있는 것이어야 한다. 그것의 재생에 대해 아무런 지침도 줄 수 없다면, 그것은 '마술적 효과'라고 불러야 할 것이다. 그러므로 주관적 경험이나 확신의 느낌은 그것이 아무리 강력하다 할지라도 어떤 과학적 진술도 정당화할 수 없다. 그것은 단지 심리학적 탐구의 대상일 수 있을 뿐이다. 즉, 내가 어떤 것에 대한 강한 확신을 갖고 있다는 사실을 기초로 하여 심리학자는 나의 행동에 대한 특정한 예측들을 연역할 수 있다. 또한 이런 예측들은 여러 검사의 과정을 거치면서 입증되거나 반증될 수 있다. 그렇지만 인식론적 관점에서 볼 때, 어떤 주장에 대한 나의 확신과 그 주장의 정당성과는 아무런 연관이 없다. 어떤 주장에 대해 저항 불가능한 확실성을 갖는다고 할지라도, 그 주장은 틀릴 수 있고, 어떤 주장에 대해 내가 의심스러워한다 할지라도 그 주장은 참일 수 있다.

기초적 진술은 우리의 협약이다

둘째로 과학적 법칙이나 이론은 프로토콜 문장으로 환원될 수 없다. 그러므로 만약 우리가 프로토콜 문장만으로 과학을 구성하고자 한다면, 우리는 과학을 모두 폐기할 수밖에 없을 것이다. 그렇다면 우리는 기초적 경험의 성격을 어떻게 규정하고, 그것을 표현하는 기초적 진술들의 성격을 어떻게 특성 지을 것인가? 기초 진술들이 만족시켜야 하는 두 가지 조건은 다음과 같다.42)

(a) 어떤 기초 진술도 초기 조건 없이 하나의 보편 진술로부터는 도출될 수 없다.

(b) 하나의 기초 진술은 하나의 보편 진술과 모순될 수 있다.

이 두 조건을 만족시키는 진술이 '단칭 존재 진술'이다. 이것은 '시공 지역 K에 어떠어떠한 것이 있다'나 또는 '시공 지역 K에 어떠어떠한 것이 발생하고 있다'는 형태로 나타난다. 이런 단칭 존재 진술은 엄밀한 보편 진술로부터는 도출될 수 없으며, 이론과 모순될 수 있는 엄밀한 존재 진술로 환원될 수

있으므로 (a)와 (b)의 두 조건을 모두 충족시키기 때문이다.[43]

기초적 진술에 대한 이러한 형식적 조건이란 바로 "기초적 진술은 상호 주관적으로 관찰에 의해서 검사될 수 있어야 한다"[44]는 조건이다. 그러므로 '관찰 가능한 사건'은 통상 '육안으로 보이는 물체의 위치나 운동을 동반하는 사건'의 의미로 사용되며, 따라서 모든 기초적 진술은 물체의 상대적 위치에 관한 진술이지 않으면 안 된다.[45]

그러나 이 기초적 진술 역시 잠정적인 것이며 더욱더 시험될 수 있는 것이다. 그렇다면 이 시험의 과정도 원칙적으로 무한 퇴행에 빠질 것이 아닌가? 이 무한 퇴행에서 헤어나기 위해서는 결단과 합의의 개념이 요구된다. "기초적 진술은 결단이나 합의의 결과로서 받아들여진다. 그리고 이것은 어느 정도 협약인 것이다."[46] 그러므로 논리적 관점에서 볼 때, 어떤 이론의 테스트는 기초적 진술에 의존해 있고, 기초적 진술의 용인이나 거절은 우리의 결단에 의존한다면, 이론이나 진술의 운명을 결정하는 것은 바로 우리의 결단인 것이다. 언뜻 보기에 이러한 입장과 협약주의자의 주장 사이에는 아무런 차이도 없는 것처럼 보인다. 그렇지만 여기에는 중요한 상이점이 존재한다.[47] 협약주의자들은 단순성의 원리에 따라 '보편적 진술'을 협약에 의해 승인하려는 데 반해서, 우리는 합의에 의해서 결정되는 진술이 보편적 진술이 아니라 '단칭 진술'임을 주장하기 때문이다.

단칭 진술은 우리의 직접적인 경험에 의해서 정당화될 수 없고, 논리적 관점에서 볼 때 행위에 의한 자유로운 결단에 의해서 받아들여진다. 포퍼는 정당화와 결단 사이의 중요한 구별을 배심제도에 의한 옛날의 재판 과정에 비유함으로써 설명한다.[48]

배심원의 표결은……배심원에게 요청된 사실의 질문에 대한 가장 뚜렷하고 명확한 형태의 대답이다. 그러나 어떤 질문이 요구되고, 그것이 어떻게 제안되는가 하는 것은 매우 크게 법률적 상황, 즉 현재 통용되고 있는 형법의 체제 (이론의 체계에 상응하는)에 의존할 것이다. 배심원들은 결단과 합의에 의해서 실제의 사건에 관한 진술 — 말하자면 기초적 진술 — 을 받아들인다. 이러한 결단의 의미는 그것으로부터 형법체계에 관한 보편적 진술들과 함께 어떤 결론이 도출될 수 있다는 사실에 있다. 다시 말해서 결단이 체계의 적용을 위한 기초를 형성한 것이다.……그러나 단지 배심원들이 그 진술을 받아들였다는 사실만으로 그 진술이 참일 수 없다는 것은 명백하다. 이것은 표결의 무효나 수정을 허용하는 규칙에도 인정되어 있다.

그러나……배심원들의 표결과는 대조적으로 재판관의 판결은 논증된 것이다. 그것은 정당화를 요구하고 또 포함한다. 재판관은 그 판결을 법 체계의 진술들에 의해서 정당화하거나, 그것을 다른 진술들로부터 논리적으로 도출하려고 한다.

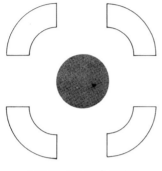

회의주의는 모든 결합을 부정한다.

기초적 진술의 상대성과 그 기초적 진술이 이론에 크게 의존하고 있다는 사실은 다음의 이야기에서 더욱 극명하게 나타난다.[49] "객관적 과학의 경험적 기초는 과학에 관한 절대적인 어떤 것을 갖지는 않는다. 과학은 단단한 바위 위에 기초해 있지는 않다. 말하자면 과학이론의 대담한 구조는 늪 위에 떠 있다. 그것은 말뚝 위에 세워진 건물과 같다. 그 말뚝들은 위로부터 늪 속으로 박혀 있지만, 어떤 자연적인 기초나 주어진 기초까지는 내려가지 못하고 있다. 그러나 우리가 말뚝을 더욱 깊게 박지 않은 것은 우리가 단단한 땅에 도달해서가 아니라, 단지 그 말뚝들이 적어도 당분간은 이론의 구조를 지탱하기에 충분할 만큼 단단하다는 데 우리가 만족하기 때문이다."

반증 가능성의 정도

진정한 과학적 주장은 반증 가능해야 한다

과학의 세계에서 우리가 의심할 수 없는 두 가지 사실은 i) 과학자들은 실재세계의 법칙을 추구하며, ii) 이 법칙은 경험에 의해 확인될 수 있어야 한다는 것이다. 논리 실증주의자들이 검증 가능성을 과학의 기준으로 주장했을 때, 이들은 과학의 법칙들을 경험적 검증이 가능한 단칭 진술들로 환원함으로써 이 두 사실을 동시에 설명하고자 했다. 왜냐하면 이들은 진정한 진술은 최종적 검증이 가능해야 하며, 만약 어떤 진술이 참인지 아닌지 결정할 방도가 없다면, 그 진술은 아무런 의미도 지니지 못한다고 생각했기 때문이다. 그렇지만 보편 진술로 표현되는 법칙들이 단칭 진술로 환원될 수 없다는 사실이 확인되면서, 검증 가능성의 기준은 지나치게 엄격한 기준임이 드러났다. 어떤 과학의 법칙들도 이 기준을 통과할 수 없기 때문이다.

루돌프 카르납 같은 이들은 나중에 검증 가능성의 기준을 완화시켜 입증 가능성이라는 기준을 제안했는데, 이 기준은 또 너무 느슨한 기준임이 밝혀졌다. 입증 가능성이란 어떤 법칙이나 이론을 지지해주는 사례를 발견할 수 있는 가능성이다. 예컨대 내가 들고 있는 한 줄기의 노란 개나리('이 개나리는 노랗다')는 '모든 개나리는 노랗다'는 주장을 입증해준다. 그렇지만 입증 가능성의 기준은 점성술이나 역술가의 주장도 모두 과학적인 것으로 해석할 수밖에 없다. 이들도 그 정도가 낮을 수는 있겠지만 입증 가능성을 찾을 수 있다고 해야 하기 때문이다. 말하자면 어떠한 횡설수설도 어느 정도의 입증 가능성은 있다고 해야 한다.

이런 문제 상황에서 반증 가능성이 과학과 비과학을 구별 짓는 구획의 기준으로 제안되었던 것이다. 어떤 주장의 반증 가능성이란 그것의 거짓임이 증명될 가능성이다. 즉, 그것은 반박 가능성, 논박 가능성이다. 그러므로 이 기준에 의하면 진정한 과학적 주장은 반박 가능해야 한다.

이러한 주장에 대해 즉각 다음과 같은 반론들이 제기될 수 있다. 과학은 우리에게 적극적 정보를 제공해주는 것으로 이해되는데, 이러한 기준은 부정적 사례에 초점을 맞추는 것이므로 과학의 본래적 목적과는 맞지 않은 것이 아닌가? 일견 이런 지적도 일리가 있어 보인다. 그렇지만 어떤 법칙이 전달하는 내용이 많을수록 그것이 금지하는 것이 더욱 많다는 사실을 염두에 둔다면, 부정적 사례에 대한 검사란 결과적으로는 긍정적 정보의 확립과 같은 작업이라고 볼 수 있다.

어떤 이론이 제안되면, 우리는 그것으로부터 연역적 방법에 의해 어떤 결론들을 도출한다. 그리고 이 결론들을 여러 가지 방식으로 시험한다. 이론에 대한 시험은 서로 다른 네 가지 방식으로 진행된다.[50)]

- i) 결론들 자체를 논리적으로 서로 비교함으로써 그 체계의 내적 일관성을 검사한다.
- ii) 주어진 이론이 경험적 성격을 갖는지, 아니면 동어반복적 성격을 갖는지, 그 이론의 논리적 형식을 연구한다.
- iii) 그 이론이 우리의 다양한 시험들을 견디어내느냐 하는 측면에서 다른 이론들과 우열을 비교한다.
- iv) 그 이론으로부터 이끌어낼 수 있는 결론들을 경험적으로 응용함으로써, 그 이론을 시험한다.

반증 가능성의 비교

이론들은 시험 가능성의 정도에서 여러 등급으로 나눌 수 있다. 말하자면 어떤 것은 다른 것보다 더 쉽게 반증 가능하다. 한 이론은 그것이 금지하는 기초 진술들의 집합이 최소한 하나 존재하는 경우 반증 가능하다. 이론이 금지하는 기초 진술을 우리가 잠재적 반증자라 부른다면, 잠재적 반증자의 집합이 공집합이 아닐 때, 그 이론은 반증 가능하다. 예컨대 '모든 목련은 희다'는 이론이 주어졌을 경우, 그것은 희지 않은 목련을 금지하고 있다. 이때 희지 않은 목련 a, b, c가 잠재적 반증자며, 이 잠재적 반증자가 공집합이 아닐 때 '모든 목련은 희다'는 이론은 반증 가능성을 갖는다. 이런 논의를 이론 t에 적용하면 우리는 이론 t에 대해 다음과 같이 그릴 수 있다.

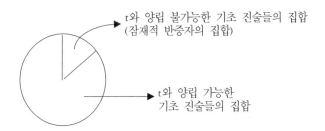

t와 양립 불가능한 기초 진술들의 집합
(잠재적 반증자의 집합)

t와 양립 가능한
기초 진술들의 집합

이때 이론 t와 양립 불가능한 기초 진술들의 집합이 공집합이 아닐 때, 이론 t는 반증 가능하게 된다. 그리고 이 부분의 크기를 서로 비교함으로써 반증 가능성의 높고 낮음을 결정할 수 있다. 예컨대 이론 t_1과 t_2가 있을 때, t_2의 잠재적 반증자의 집합이 t_1의 그것보다 크다면, 즉 반증 가능자의 집합에서 t_1이

t_2의 부분 집합이 된다면, t_2가 t_1보다 반증 가능성이 높다고 할 수 있다.

이리하여 우리는 다음과 같은 일반적 결론에 도달한다.[51]

   i) 한 진술 x는, 만일 x의 잠재적 반증자들의 집합이 다른 진술 y의 잠재적 반증자의 집합을 진부분 집합으로 포함하면, 그리고 오직 그때에만 y보다 '높은 정도로 반증 가능하다'고 혹은 '더 잘 시험 가능하다'고 말해진다. 이것은 다음과 같은 기호로 표현된다. '반증 가능성(x) > 반증 가능성(y)'

   ii) 만약 두 진술 x와 y의 잠재적 반증자의 집합이 같다면, 이 두 진술들은 동일한 반증 가능성을 지닌다. '반증 가능성(x) = 반증 가능성(y)'

   iii) 만약 x, y 두 진술의 잠재적 반증자의 집합들 중 어느 것도 다른 것을 진부분 집합으로 포함하지 않으면, 이 두 진술들의 반증 가능성은 비교 불가능하다. '반증 가능성(x) ∥ 반증 가능성(y)'

논리적 관점에서 이런 논의를 더욱 전진시켜 보면, 모든 동어반복적이고 형이상학적인 진술들의 잠재적 반증자들의 집합은 공집합이다. 반면에 자기모순적 진술의 잠재적 반증자의 집합은 논리적으로 가능한 모든 기초 진술들의 집합이기 때문에 전체 집합이라고 할 수 있다. 우리가 이들을 0과 1로써 기호화한다면, 모든 경험적 진술의 반증 가능성은 0과 1 사이에 존재한다고 해야 한다.

자기모순적 진술의   >   경험적 진술의   >   동어반복적 진술의
반증 가능성(1)   반증 가능성   반증 가능성(0)

반증 가능성과 지식의 수준은 비례한다

이런 이야기에 대해 다음과 같은 반론이 제기될 수 있을지도 모른다. 만약 한 진술이 금지하는 잠재적 반증자의 집합이 점점 커진다면, 그것이 허용하는 기초 진술들의 집합은 점점 줄어들고, 그렇게 되면 경험적 내용이 줄어든다고 해야 하지 않겠는가? 그리고 이것은 반증 가능성이 높을수록 좋은 이론이라는 지금까지의 주장과 모순되지 않는가? 이에 대해 우리는 다음과 같이 답할 수 있다. 적어도 보편 진술은 어떤 것을 허용하는 것이 아니라 어떤 것을 금지하는 것으로 해석되어야 한다. 예컨대 '모든 진달래는 붉다'는 진술은 '진달래1이 붉다' '진달래2도 붉다' 등등을 주장하는 것이면서, 동시에 '진달래이면서 붉지 않은 것은 존재하지 않는다'는 의미이다. 그러므로 반증자의 집합이 커진다는 것은 경험적 내용이 동시에 커진다는 것과 같다고 할 수 있다. 이를 좀더 구체적으로 검토해보자.[52]

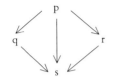

p : 모든 천체들의 궤도는 원형이다.

q : 모든 행성들의 궤도는 원형이다.

r : 모든 천체들의 궤도는 타원형이다.

s : 모든 행성들의 궤도는 타원형이다.

이 네 진술들 간에 성립하는 연역 가능성의 관계들이 다음과 같이 그려진다고 해보자.

p로부터 q로 움직임에 따라 보편성의 정도는 감소한다. 왜냐하면 행성들의 궤도는 천체들의 궤도의 진부분 집합을 구성하기 때문이다. 말하자면 q는 p보다 주어의 외연이 작다고 할 수 있다. 그러므로 p는 q보다 정보를 많이 제공하고, 동시에 q보다 반증 가능성이 더욱 높다. 이것은 q가 반증되면 p 역시 반증되지만 그 역은 성립되지 않는다는 것을 의미한다.

p로부터 r로 이동함에 따라 정확성의 정도는 감소한다. 보편성이 진술들의 주어에 관해 논의하는 기준이라면, 정확성은 진술들의 술어에 관해 논의하는 기준이다. 반증 가능성이라는 기준에서 보면 보편성이 넓을수록 좋은 진술이듯이, 정확성이 높을수록 좋은 진술이다. '빛의 속도는 1초에 대략 30만km이다'라는 진술과 '빛의 속도는 1초에 300,132km이다'라는 진술 중, 전자와 비교해서 후자가 더욱 정확하고 반증 가능성이 더욱 높다는 것은 분명하다. 우리가 빛의 속도를 측정하여 그것이 300,130km라는 결과를 얻었을 때, 이 결과가 후자를 반증하지만 전자는 반증하지 못하기 때문이다.

같은 논리로 원은 타원보다는 단순하고 정확하여 타원과 비교해서 반증하기가 더욱 용이하다. 그러므로 p와 r 두 진술을 비교할 때, r이 반증되면 p는 반증되지만, p가 반증된다 해서 r이 반증되지는 않는다. 정확성을 외연적으로 표현하면 더 작은 외연이나 더 제한된 외연이 된다. 그러므로 보편성과 정확성은 서로 반비례관계에 있다고 할 수 있다. 이를 나머지 이동에도 적용해보면 p로부터 s로 이동함에 따라 보편성과 정확성의 정도는 모두 감소한다. q로부터 s로 이동하면 정확성이 감소한다. r로부터 s로 움직이면 보편성이 감소한다. 우리가 추구하는 것은 고도의 보편성과 정확성이다. 어떤 진술의 보편성과 정확성이 더욱 높을수록 더욱 내용적으로 풍부하고, 그것의 반증 가능성은 더욱 커지며, 이에 따라 우리는 점점 높은 수준의 지식을 갖게 된다.

객관적 진리로의 점진적 접근

비판적 논의를 통한 진리로의 접근

귀납의 방법이 지식 획득의 방법론이 되지 못한다면, 이제 연역의 방법만이 남게 된다. 연역법은 귀납법과는 거꾸로 보편적인 원리로부터 개별적인 사례들로 나아간다. 몇 개의 단순한 공리(公理)체계로부터 모든 문제들을 설명해가는 기하학이 그 대표적인 경우이다. 그렇지만 경험과학에서 논의되는 보편적인 원리들은 기하학의 공리처럼 자명한 것들이 아니다. 그러므로 이들은 가설의 성격을 띨 수밖에 없으며, 연역적 방법은 가설-연역적 방법(hypothetical-deductive method)이 된다.

반증주의는 보통 가설-연역주의 내지는 가설-연역적 방법이라 부른다.[53] 이러한 명칭은 우리가 탐구의 대상을 설명하기 위해 먼저 가설을 제시하고, 그 가설로부터 예측을 도출한후, 그 예측을 경험적 관찰로 검증해보면서, 예측과 경험적 관찰이 모순되면 가설을 배제하고, 일치하면 잠정적으로 가설을 승인하는 절차 때문에 붙여진 이름이다.

가설-연역주의에서 보면 "검증의 성과는 검증에 합격한 가설을 선택하고 검증에 합격하지 못한 가설, 따라서 폐기되어야 할 가설을 배제하는 것이다."[54] 이것은 검증이란 거짓된 이론을 제거하려는 시도라는 것을 의미한다. 그러므로 우리의 최선의 노력에도 불구하고 그 이론을 반증할 수 없을 경우에만 그 이론은 엄격한 검증에 합격했다고 할 수 있다. 이 때문에 만일 우리가 그 이론을 반박하려 노력하지도 않고, 또 반증에 실패한 경우도 없다면, 그 이론을 확증하려는 사례를 몇 번이고 발견했다 해도 별로 의미가 없는 것이다.

이러한 가설-연역주의는 다음과 같이 정석화된다.[55]

문제 상황1→잠정적 해결→오류의 제거→문제 상황2

우리는 먼저 해결해야 될 문제에 부딪친다. 이때 잠정적인 해결로서 가설이 제시되고, 이것이 비판된다. 시도된 해결이 관련된 비판에 열려 있다면, 우리는 그것에 대한 반박을 시도한다. 왜냐하면 모든 비판은 반박의 시도로서 구성되어 있기 때문이다. 만약 시도된 해결이 우리의 비판에 의해 반박된다면, 우리는 다른 해결을 시도한다. 그렇지 않고 그것이 반박을 견디어낸다면, 우리는 그것을 잠정적인 해결로서 받아들인다. 그렇지만 우리가 그것을 용인하는 것은 그것을 최종적인 해결로서 생각해서가 아니라, 더욱 논의하고 비판할 가치가 있는 것으로서 생각하기 때문이다. 그러므로 과학은 냉혹한 비판에 의해 통제되는 추측에 의해서 우리의 문제를 해결하려는 하나의 시도이다. 우리는 어느 경우에도 절대적 진리에 도달할 수는 없다. 비판적 논의에 의해 보다 가까이 접근해갈 뿐이다.

이런 관점은 진화의 과정에서 비유되기도 한다. 말하자면 생물학적 진화와 인간 지식의 본성 사이에 본질적인 유사성이 있다고 보고, 이론의 변화를 설명하기 위해 진화론을 활용하려고 하는 것이다. 이런 비유는 다음과 같은 논제로 정식화시킬 수 있다.[56]

(1) 생명체가 환경이 제기한 문제에 대해 수많은 변이들을 산출하여 대응해가듯이, 과학자도 제기된 문제에 대해 수많은 가설들을 창안한다.

(2) 변이들 중에서 환경에 가장 적합한 변이가 생존경쟁에서 살아남듯이, 수많은 가설 중 최선의 것이 선택되어 보존된다.

(3) 생명체의 진화가 끝없이 계속되듯이, 이론이나 지식의 세계에서도 맹목적 변이와 선택적 보존이라는 진화의 과정은 계속된다.

이런 논의에서 우리는 다음과 같은 도표를 그릴 수 있다.

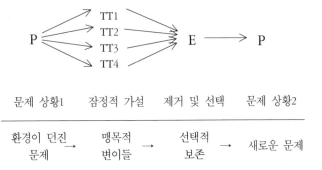

경험적 정보를 보다 많이 담고 있는 이론이 더욱 좋은 이론이다

과학은 진리를 추구하는 활동이며, 그 결과이다. 그러므로 우리에게 보다 많은 것을 말해주는 이론, 즉 보다 많은 양의 경험적 정보나 내용을 담고 있고, 논리적으로 보다 설득력 있고, 보다 큰 설명력과 예측력을 갖고 있으며, 따라서 예측된 사실들을 관찰들과 비교함으로써 보다 엄격하게 시험될 수 있는 이론이 더욱 좋은 이론이라 할 수 있다.

검증주의자들은 대체로 '참'을 높은 개연성과 같은 것으로 여겼기 때문에, 높은 개연성을 가진 이론일수록 좋은 이론이라는 결론을 내렸다. 반면에 반증주의자들은 그 정반대를 주장한다. 정보가 적은 주장일수록 높은 개연성을 갖는 반면 (예컨대, '개나리는 개나리다'는 동어반복적 주장은 확률1을 갖는다.)
정보가 많은 이론일수록 일어날 확률이 적을 수밖에 없는데,
우리는 정보가 많은 주장을 선호하기 때문이다. 정보가 많은
주장일수록 낮은 개연성을 가지며, 그런 주장일수록 거짓이
될 개연성이 높기 때문에, 높은 정도의 반증 가능성이나 반박
가능성 또는 시험 가능성이 과학의 목표들 중의 하나라는 결
론이 그것으로부터 도출된다.

　역사적인 사례도 이를 뒷받침한다. 케플러(Kepler)나 갈릴레
오의 이론들은 논리적으로 더 설명력이 크고 더 잘 시험될 수
있는 뉴턴의 이론으로, 프레넬(Augustin Fresnel)과 패러데이의
이론은 맥스웰(Maxwell)의 이론으로 통합되고 대체되었다. 그
리고 뉴턴의 이론과 맥스웰의 이론 또한 아인슈타인의 이론으
로 통합, 대체되었다. 이러한 대체는 보다 정보가 많은, 따라
서 논리적으로 개연성이 더 낮은 이론으로 향하는 길이었다.

　반증주의자들은 과학의 과제가 진리의 탐구, 즉 참인 이론의
탐구라는 생각을 받아들이지만, 진리가 과학의 유일한 목적이
아니라는 점을 강조한다. 이들은 단순한 진리 이상의 것, 흥미
로운 진리, 획득하기 힘든 진리를 원한다. "우리는 '2×2=4'가
참이라 해도 그것에 만족하지 않는다. 위상 기하학이나 물리학
에서 어려운 문제에 부딪혔을 때, 우리는 구구단을 외우는 것
에 의지하지 않는다. 단지 진리인 것만으로는 미흡하다. 우리가
탐구하는 것은 문제에 대한 해답이다."[57]

　이것은 법정에서 법관이 증인에게 '진리를, 모든 진리를,

오직 진리만을' 말하라고 할 때, 그 법관이 구하는 것은 문제되는 재판과 관련된 진리일 뿐이라는 사실과 흡사하다. 연관이 없는 진리는 아무리 자명한 것이라 할지라도 증거로서는 불충분하다고 해야 할 것이다. 그러므로 심지어 얼마 후에 거짓으로 판명된다 할지라도, 문제와 연관이 없는 자명한 것을 상술하기보다는 대담한 추측을 통해 보다 흥미로운 문제를 해결하려는 시도가 훨씬 바람직한 것이다. 우리의 추측이 거짓임을 알았을 때 우리가 진리에 대해 더 많이 배우고 진리에 더욱 가까이 접근할 수 있는 것도 이러한 과정을 통해서이다.

박진과 개연성은 반비례 관계에 있다

하지만 우리가 진리로 더욱 가까이 접근할 수 있다는 것을, 즉 박진(verisimilitude)을 어떻게 논증할 수 있을까?

박진은 '진리'와 한 이론의 '내용'에 의해서 정의될 수 있다. 그러므로 박진의 개념은 '진(眞)'과 '위(僞)' 외에 제3의 가치 개념이 아니며, 따라서 다치(多値)논리를 요구하는 것은 아니다. 예컨대 우리가 '금요일에 비가 올 것이다'라는 진술을 a라 하고, '토요일은 맑을 것이다'라는 진술을 b라 하며, '금요일에 비가 오고 토요일은 맑을 것이다'라는 진술을 ab라 할 때, ab의 정보 내용은 분명히 a의 정보 내용이나 b의 정보 내용을 초과한다. 그러나 개연성에 있어서는 ab의 개연성이 a나

b의 개연성보다는 적다. 그러므로 우리가 a의 내용을 Ct(a)로 표시하고, a의 개연성을 P(a)로 표시한다면, 다음과 같은 등식이 성립할 것이다.[58]

(1) Ct(a) $\leq$ Ct(ab) $\geq$ Ct(b)

(2) P(a) $\geq$ P(ab) $\leq$ P(b)

이 두 공식이 지시하는 바는 한 명제의 내용이 증가함에 따라 개연성은 감소하고, 개연성이 증가함에 따라 내용은 감소되는 상호 반비례의 관계가 성립한다는 것이다. 그러므로 우리가 보다 큰 내용을 가진 이론을 소유코자 한다면 우리는 보다 적은 개연성을 가진 이론을 소유코자 해야 한다.

이것은 다음과 같은 두 이론 t1과 t2의 비교에서 나타난다.[59]

(i) t_2는 t_1보다 더 정밀한 주장을 한다. 그리고 더 정밀한 이런 주장은 보다 정밀한 시험을 견디어낸다.

(ii) t_2는 t_1보다 더 많은 사실들을 고려하면서 설명한다. (예컨대 다른 상황이 같은 경우 t_2의 주장은 더 정밀하다는 위의 경우를 포함할 것이다.)

(iii) t_2는 t_1보다 더 세부적으로 사실을 기술하거나 설명한다.

(iv) t_2는 t_1이 통과하지 못한 시험에 통과했다.

(v) t_2가 구성되기 전에는 고려되지 않았던 새로운 실험

적인 시험을 t_2는 제안했다. (이에 반해 t_1은 이런 시험을 제안하지 못했으며, 아마도 t_1에 이런 실험을 적용하는 것조차 가능하지 않았을 것이다.) 그리고 t_2는 이 시험들에도 통과했다.

(vi) t_2는 지금까지 관계되지 않았던 여러 문제들을 통합했거나 연결시켰다.

이런 경우 우리는, t_2는 t_1보다 진리에 더욱 가까이 접근했거나 사실에 보다 잘 대응한다고 말할 수 있다. 다음 그림이 이런 관계를 보다 극명하게 보여준다.[60]

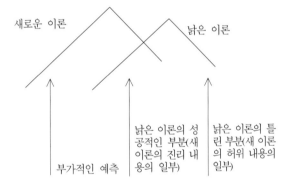

새로운 이론   낡은 이론

낡은 이론의 성공적인 부분(새 이론의 진리 내용의 일부)

낡은 이론의 틀린 부분(새 이론의 허위 내용의 일부)

부가적인 예측

여기서 한 가지 분명히 알아두어야 할 것은 박진은 확률이나 불완전한 확실성의 정도와는 구별된다는 점이다. 박진과 확률의 혼동은 서양철학의 시초로까지 거슬러 올라가는 문제이다. 둘 다 진리 개념과 밀접한 관련이 있으며, 모두 점차 진리에 접근한다는 개념을 도입하고 있다. 결정적인 차이점은 박진이 진리와 내용을 결합시키는 반면, 확률은 진리를 내용의 결핍과 결합하는 것이다. 즉, 논리적인 확률은 정보 내용의 점진적인 감소를 통해, 논리적 확실성이나 동어반복적 진리에 접근한다는 생각을 반영하고 있는 데 반해, 박진은 포괄적인 진리에 접근한다는 생각을 나타낸다.

지식의 성장조건

이제 지식의 성장을 위한 조건들을 정리해보자. 우리는 지식의 성장에 필요한 세 가지 요구조건을 다음과 같이 제시할 수 있다.[61]

첫째로, 새로운 이론은 지금까지 관계없던 사물들이나 사실들, 또는 새로운 '이론적 실재'들 간의 어떤 관계나 관련에 대한 단순하고도 새로우며, 강력하고도 통일적인 개념에서 진행해야 한다. 이것은 간단히 단순성(simplicity)에 관한 요구라고도 할 수 있다. 왜 이론의 단순성이 요구되는가? 단순성은 시험 가능성의 정도를 높여주기 때문이라는 것이 이에 대한 대답일 수 있다.

둘째로, 새로운 이론은 독자적으로 시험 가능한 것이어야 한다. 이 조건은 새로운 이론이 이전의 이론보다 더 잘 시험될 수 있기 위해서 필요하다. 새로운 이론이 새로운 실험을 제기

한다는 사실은, 새로운 이론이 잠재적으로 진일보한다는 점을 보충하기에 충분할 것이다. 비록 그 실험이 그 이론을 반박하더라도 새로운 실험으로 빚어진 예측하지 않은 결과를 통해 사실적인 지식은 성장할 것이기 때문이다.

셋째로, 훌륭한 이론은 어떤 새롭고 엄격한 시험들을 통과해야 한다. 위대한 과학이론은 미지의 것에 대한 새로운 정복이요, 전에는 생각하지 못했던 것에 대한 예측의 성공을 뜻하는 것이다. 이전 이론으로부터는 얻을 수 없는 새로운 예측을 새로운 이론에서 추출하고 이 새로운 예측들이 성공적이라는 것을 발견할 때까지는 새로운 이론이 진리에 더욱 접근하고 있다고 믿을 이유가 없다. 이전 이론이 거짓된 결론을 갖는 곳에서 새 이론이 참된 결론을 갖고 있음을 보여주는 것이야말로 성공이기 때문이다.

여기서 우리는 다음과 같은 질문을 던질 수 있다. 지식의 성장은 의문의 여지없이 우리에게 주어진 사실인가? 우리의 과학적 지식이 성장해왔다는 주장에는 어떤 근거가 있는가? 역사적으로 보면 과학이 정체되거나 심지어는 퇴보하던 시기도 있지 않았던가? 물론 그렇다. 과학의 성장은 한결같이 같은 속도로 이루어진 것은 아니다. 그것은 수많은 진퇴의 우여곡절을 겪으면서 오늘날에 이르렀다고 할 수 있다. 하지만 거시적 안목에서 보면 과학은 계속 진보해온 것으로 판단된다.

물론 과학이 앞으로도 계속 진보해갈 것이라는 법칙적 보장은 어디에도 없다. 그럼에도 불구하고 과학적 탐구를 억압

하는 제도가 존재하지 않고, 과학자들이 자유롭게 탐구를 할 수 있다면, '지식의 성장' 조건들을 충족시키는 새로운 과학이론들이 끊임없이 출현할 것으로 보인다. 우리가 지식의 추구를 포기하지 않는 한, 지식의 성장을 향한 노력은 계속될 것이기 때문이다.

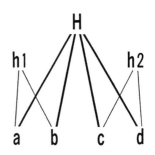

일반 가설은 특수 가설을 파괴한다.
일반 가설 H는 지금까지 별개의 현상으로 간주되었던 것들을 통일함으로써 특수 가설 h_1과 h_2를 파괴한다.

주

1) 김기현, 『현대 인식론』(민음사, 1998), p.27 참조. ; 김도식, 『현대 영미인식론의 흐름』(건국대학교출판부, 2004), 3장 참조.

2) David Pears, *What is Knowledge?*(George Allen&Unwin LTD, 1964). ; D. 피어, 『지식이란 무엇인가?』(청하, 1983), 참조.

3) Karl Popper, *Logic of Scientific Discovery*(New York & Evanston ; Harpen&Low, 1968), p.19. (이 책은 다음부터 LSD로 표기하기로 한다.)

4) LSD, p.27 참조.

5) LSD, p.32 참조.

6) 정대현, 『지식이란 무엇인가 : 지식개념의 일상언어적 분석』(서광사, 1990), p.76 참조. ; 김기현, 『현대인식론』(민음사, 1998). ; 한상기, 『지식의 조건』(서광사, 1995), p.38.

7) Karl Popper, *Conjectures & Refutations : The growth of Scientific Knowledge*(New York&Evanston ; Harpen&Row, 1965). : 이한구 옮김, 『추측과 논박 I, II』(민음사, 2001). (이 책은 다음부터 CR로 표기하기로 한다.)

8) CR, p.12 이하 참조.

9) Karl Popper, *Das Elend des Historizismus*(Tübingen : J. C. B. Mohr, 1974), p.ix.

10) Hans Albert, *Traktat uber Kritische Vernunft*(Tübingen : J. C. B Mohr, 1968), p.13.

11) CR, p.136.

12) CR, p.234.

13) Karl Popper, *Das Elend des Historizismus*, p.ix.

14) LSD, p.80.

15) LSD, p.65.

16) CR, p.119.

17) LSD, p.253. 포퍼가 존재 명제를 형이상학적 명제로 보는 것은, 그것이 검증 가능성을 갖기는 해도 과학의 기준이 되는 반증 가능성을 갖지는 못하기 때문이다. 자세한 논의는 이 책의 p.59를 참조할 것.

18) LSD, p.19.

19) LSD. p.29.

20) Karl Popper, *Objective Knowledge*(London : Oxford University Press, 1979), p.3 참조. (이 책은 다음부터 OK로 표기하기로 한다.)

21) A.F. Chalmers, *What is this thing called Science?*(University of Queensland Press, 1982), p.14 참조 ; 신일철·신중섭 옮김,『현대의 과학철학』(서광사, 1985).

22) Karl Popper, *Realism and the aim of Science*(Totowa ; Rowman and Littlefield, 1983), 13절 참조.

23) CR, p.44.

24) LD, p.421.

25) OK, p.346.

26) K. Popper, *The Poverty of Historicism*(New York&Evanston : Harper&Row publishers, 1964), p.134. (이 책은 다음부터 PH로 표기한다.)

27) CR, p.53.

28) OK, p.4.

29) LSD, p.36.

30) LSD, p.53.

31) CR, p.37.

32) LSD, p.421.

33) CR, p.35.

34) LSD, p.89.

35) LSD, p.89.

36) LSD, p.90.

37) LSD, p.70.

38) LSD, p.43.

39) LSD, p.97.

40) I. Kant, *Kritik der reinen Vernunft,* Methodenlehre, 2 Haupstük, 3 Abchnitt(2nd edition), p.848.

41) LSD, p.45.

42) LSD, p.134.

43) LSD, p.102.

44) LSD, p.102. 상호 주관적(inter-subjectively)으로 검사 가능하다

는 이론은 상호 감각적(inter-sensually)으로 검사 가능할 것이라는 사실과도 연관되어 있다. 말하자면 한 감각기관의 지각에 의한 검사는 다른 감각기관에 의한 검사에 의해서 원칙적으로 대치될 수 있다는 것이다. LSD, p.103 참조.

45) LSD, p.103.
46) LSD, p.106.
47) LSD, p.109.
48) LSD, p.109 이하 참조.
49) LSD, p.110.
50) LSD, p.32 이하.
51) LSD, p.156.
52) LSD, p.165.
53) PH, p.131.
54) PH, p.133.
55) OK, p.164, 243.
56) 이한구, 「진화론의 관점에서 본 철학」(『진화론과 철학』, 철학과현실사, 2003), p.28.
57) CR, p.230.
58) CR, p.218.
59) CR, p.232.
60) 폴 페이어아벤트, 『방법에의 도전』(한겨레, 1991), p.194.
61) CR, p.241 이하.

지식의 성장

초판인쇄 2004년 3월 25일 | 3쇄발행 2009년 4월 10일
지은이 이한구
펴낸이 심만수 | 펴낸곳 (주)살림출판사
출판등록 1989년 11월 1일 제9-210호

주소 413-756 경기도 파주시 교하읍 문발리 파주출판도시 522-2
전화번호 영업·(031)955-1350   기획편집·(031)955-1357
팩스 (031)955-1355
이메일 book@sallimbooks.com
홈페이지 http://www.sallimbooks.com

ISBN 89-522-0207-4 04080
      89-522-0096-9 04080 (세트)

값 9,800원